CRÉDIT FONCIER ET RÉFORME HYPOTHÉCAIRE.

MÉMOIRE

DÉLIBÉRÉ PAR LA COMPAGNIE DES NOTAIRES

DE L'ARRONDISSEMENT DE CHALONS-S-MARNE.

DU CRÉDIT FONCIER

ET DE LA

RÉFORME HYPOTHÉCAIRE.

MÉMOIRE

DÉLIBÉRÉ PAR LA

COMPAGNIE DES NOTAIRES DE L'ARRONDISSEMENT DE CHALONS-SUR-MARNE,

DANS SES SÉANCES DES 15 ET 17 MAI 1850,

SUR LE RAPPORT DE M. CAQUOT,

Président de la Chambre, Juge suppléant au Tribunal civil, etc

CHALONS-SUR-MARNE,

T. MARTIN, IMPRIMEUR-LIBRAIRE, PLACE DU MARCHÉ-AU-BLÉ.

1850.

DU

CRÉDIT FONCIER

ET DE LA

RÉFORME HYPOTHÉCAIRE.

INTRODUCTION.

1. C'est l'esprit de la loi que l'on veut changer.
2. Le législateur de l'an XII a voulu garantir la propriété.
3. Que veut-on aujourd'hui ?
4. On se plaint à tort de l'éloignement du capital.
5. On veut mobiliser le sol.
6. Banques de crédit agricole.
7. Causes de leur peu de succès.
8. Deux choses indispensables au crédit foncier.

1. On s'est depuis longtemps préoccupé de la réforme de notre système hypothécaire.

L'hypothèque, telle qu'elle a été réglementée en l'an III, et modifiée peu de temps après, était une matière toute neuve encore. La loi de l'an XII, parfaitement claire, simple et facile en théorie, s'est, avec le temps et les faits de la pratique, et peut-être aussi les subtilités des commentateurs, hérissée de difficultés qu'il était presque impossible de prévoir. Le vieux Droit français, en traversant les siècles, s'est modifié, s'est purifié, si l'on peut ainsi parler, par son application même. Le système hypothécaire n'en est encore qu'au commencement de l'épreuve.

Toutefois, ce que l'on paraît demander aujourd'hui n'est pas précisément la solution des quelques graves questions sur lesquelles les jurisconsultes peuvent être en désaccord, et que la jurisprudence, plus homogène, tend chaque jour à faire disparaître.

C'est *l'esprit* même de la loi que l'on veut entièrement changer.

2. Le législateur a surtout fait ses efforts pour garantir la propriété, pour sauvegarder l'emprunteur contre l'âpreté du prêteur, et peut-être aussi contre sa propre incurie. Il a pensé, mu en cela par une haute philosophie sociale et politique, que la propriété immobilière, éminemment immobile, comme son nom l'indique, devait perdre le moins possible de cette stabilité qui se communique aux familles, aux esprits, à la société, à l'État lui-même. L'extrême mobilité du sol est un grave danger, et ce n'est pas sans un sentiment de reconnaissance que nous avons trouvé cette vérité rappelée avec force, avec autorité, dans un éminent rapport sur l'assistance publique. Non que nous soyons partisans des biens de main-morte, des substitutions, du régime dotal, de l'agglomération des propriétés. Il faut laisser à la terre son cours régulier, sa tendance à s'étendre, à se diviser, à passer dans le plus de mains possible. Mais ces migrations doivent être le résultat de mutations volontaires, de ventes et d'échanges. Ainsi faites, du propre mouvement des propriétaires, elles seront toujours la preuve irrécusable de la prospérité des affaires, et surtout de l'avènement des classes laborieuses à l'état plus aisé de propriétaire. La propriété, aussi minime qu'elle soit, est toujours l'ambition de l'ouvrier économe et prudent ; c'est sa retraite, laborieuse encore, mais qui lui apparaît comme un repos embelli par le travail.

3. Que veut-on donc aujourd'hui ?
L'inverse de ce que voulait le sage législateur de l'an xii.

4. On se plaint que le *capital* se retire, qu'il refuse de communiquer sa vivifiante participation aux besoins de l'agriculture ; c'est l'erreur la plus grande ! Sous le régime même du système hypothécaire actuel, de tous côtés les capitaux attendent et cherchent avec impatience des demandeurs, et ils n'en trouvent pas.

Certes, ce n'est pas la loi hypothécaire qui les éloigne, puisqu'ils s'offrent inutilement.

On crie aussi à l'usure ! — L'agriculture succombe sous le poids de l'usure ! On se demande comment l'usure peut avoir la moindre prise, au moment même où les capitaux sont oisifs, où leur abondance faisait, il n'y a pas encore deux ans, baisser l'intérêt jusqu'à 4 p. %. Les malheurs de nos deux dernières années ont pu, en considération des chances défavorables qui en sont découlées, faire remonter le cours de l'intérêt au-dessus de 4 p. %, mais jamais au-delà de 5.

5. Quoi qu'il en soit, on demande de toutes parts une organisation du crédit foncier ; on sollicite l'établissement de banques agricoles, avec ou sans émission de papier-monnaie ; on veut *mobiliser le sol*.

On met en avant les besoins de l'agriculture ! les améliorations qu'elle attend pour étendre ses travaux, multiplier ses produits, en obtenir de nouveaux.

Ces essais, quel que soit le régime hypothécaire, ne peuvent se faire par le petit cultivateur, qui ne possède que ce qui est nécessairement consacré à l'existence de sa famille. Ils appartiennent à la grande culture, et il est, sans contredit, utile qu'elle s'en empare ; son exemple et ses succès, si elle en obtient, seront bientôt remarqués par la petite culture et adoptés par elle, dans la proportion de ses moyens. Le possesseur d'un domaine, si ce domaine est libre, n'a pas besoin d'une modification de notre Code pour obtenir des capitaux. Ils viendront s'offrir d'eux-mêmes.

6. Nous reconnaissons, toutefois, que la restitution de ces capitaux aux prêteurs est une lourde charge, parce qu'un capital ne peut jamais sortir des revenus du sol. C'est pour l'allègement de cette charge que l'on voudrait introduire en France des banques de prêts fonciers, remboursables par annuités, pendant un long espace de temps, à l'instar de certaines institutions libres fondées dans ce but à l'étranger, et notamment dans les petits états d'Allemagne.

Nous n'examinerons pas aujourdhui ce système, qu'une apparente utilité semble protéger, mais qui demande à être étudié bien soigneusement, bien profondément, avant d'être mis en pratique.

S'il lui faut, pour se fonder et pour vivre, la garantie de l'Etat, un cours forcé à ses valeurs, un privilége d'exploitation ou de sûretés hypothécaires, il est inadmissible en France : l'Etat ne peut cautionner les citoyens ; le cours forcé, c'est le régime des assignats : le privilége n'est plus ni dans nos mœurs, ni dans nos lois.

Nous devons ajouter que, depuis vingt ans environ, il a été, dans nos contrées, mis à l'essai par une société dont le siége était primitivement à Nancy et a depuis été reporté à Paris. Cette société n'a pu continuer ses opérations.

La caisse hypothécaire, qui se rapproche de ce système et accorde de longues annuités, se soutient avec peine et ne trouve pas d'emprunteurs.

7. Disons-le de suite, plusieurs causes, toujours existantes, s'opposent à cette sorte d'établissement : — le taux élevé de l'argent, — l'emploi plus profitable qui lui est offert par les grandes entreprises industrielles, — les placements sur les fonds publics, dont les arrérages se paient par semestres et avec une scrupuleuse exactitude, — la difficulté d'obtenir une véritable appréciation du sol non aggloméré en grands domaines, comme en Allemagne, mais divisé et subdivisé à l'infini, et n'offrant encore, quand il se trouve un peu compact entre les mains d'un seul propriétaire, qu'une valeur d'une importance peu influente.

Notre intention n'est pas, au surplus, de disserter sur ces graves matières; nous en laissons l'examen aux hommes d'état, aux économistes, aux financiers. Nous nous permettons seulement, praticiens obscurs, d'apporter au travail qui se prépare sur la réforme hypothécaire, quelques idées que la pratique seule des affaires peut nous avoir suggérées.

8. Le crédit foncier, pour appeler à lui capitaux, doit leur offrir deux choses indispensables, hors lesquelles il n'y a aucune espérance de le créer :

> Sécurité,
> Réalisation prompte et facile.

SÉCURITÉ.

9. Constitution de la propriété foncière.
10. Inconvénients des actes sous seings privés.
11. *Etat civil* de la propriété foncière.
12. Ce sont des améliorations qu'il faut, et non un système nouveau.
13. Publicité de tous les droits occultes.
14. Cette publicité entraîne la suppression de la purge légale.
15. L'hypothèque judiciaire doit être conservée.
16. Nécessité de généraliser l'hypothèque conventionnelle.
17. Elle devrait frapper les biens à venir.
18. Publicité de l'usufruit.
19. Des contrats de mariage. — Nécessité de leur publicité.
20. Impôt à asseoir sur les biens dotaux.
21. Nécessité de laisser le bureau des hypothèques au chef-lieu d'arrondissement.

9. *La base du crédit foncier est le sol.*

Il faut donc, avant tout, que le sol soit constitué d'une manière incontestable, vis-à-vis les tiers, entre les mains de l'emprunteur, pour donner au prêteur la certitude que son droit réel sera assis sur une propriété immuable.

Cette certitude ne sera jamais acquise tant que les mutations pourront être consenties par actes sous signatures privées, quand même ces actes seraient enregistrés et même transcrits.

L'enregistrement donne la date; la transcription confère la publicité; jamais ni l'enregistrement, ni la transcription n'ont pu empreindre l'acte d'authenticité. Il faut bien distinguer celles-ci des autres. L'enregistrateur et le conservateur sont contraints par la loi actuelle d'enregistrer et de transcrire tous les actes de mutation qui leur sont présentés, sans s'inquiéter non seulement de la sincérité des signatures, mais même de leur existence. Donner à la copie d'un acte sous seings privés reportée sur un registre de transcription, ou à la copie délivrée par un conservateur de cette même copie, nous ne disons pas la force probante, mais même la valeur d'un commencement de preuve par écrit, ce serait ouvrir la porte à toutes les fraudes imaginables.

Ainsi, le sous seings privés, enregistré et transcrit opposable, même sans ces formalités, à ceux qui l'ont souscrit, ne présente à des tiers qu'incertitude et point de garantie, tant que les signatures n'en sont pas reconnues en justice; en d'autres termes, sans *l'authenticité.*

Sans authenticité, point de crédit.

10. Ajoutez que ces actes informes ne contiennent jamais les énonciations nécessaires pour constater la propriété entre les mains du vendeur; qu'ils n'ont aucune mention des qualités des contractants; que souvent les mineurs y concourent comme s'ils étaient majeurs; que si les femmes y sont quelquefois dénommées comme parties, elles n'y signent pas, parce que le plus souvent elles ne savent pas signer, et souvent encore parce qu'elles font signer pour elles leur jeune enfant qui commence à écrire. Les dissimulations les plus exorbitantes y sont pratiquées, sans égard pour les droits des femmes et des mineurs, que l'on oublie, que l'on ignore et que l'on détruit. Rien de certain ne peut donc résulter de ces actes en faveur du prêteur, quand ils ne disparaissent pas, par une fraude essentiellement coupable, pour faire place à une vente nouvelle, consentie par un vendeur primitif au profit d'un acquéreur nouveau, et pour, de cette manière, exonérer l'immeuble des hypothèques conférées par le possesseur intermédiaire, lequel s'efface et disparaît sous la main du prêteur, qui cherche en vain son gage.

Nous ne parlons ici que pour mémoire des droits du fisc audacieusement fraudés.

Et ce tableau n'est pas exagéré; tout le notariat de France se lèverait pour l'attester, s'il en était besoin.

Avant toute chose, il faudrait donc repousser de la transcription tout acte dont les signatures ne seraient pas *légalement reconnues,* si on exigeait la transcription comme base de l'hypothèque. Mais on comprendra que les frais de vente sont déjà tellement élevés, que l'on ne peut y ajouter encore les frais de la transcription en la rendant obligatoire, surtout quand il s'agit de mutations d'une minime importance, et c'est la presque généralité, tant le sol est divisé, tant les fortunes sont médiocres en France.

Jusqu'à présent, les prêts hypothécaires ont été facilement négociés sans l'exigence de cette formalité, hors Paris notamment et les grandes villes, parce que les renseignements sont alors plus faciles, plus certains, parce qu'enfin on se connaît davantage.

Il ne s'agit pas seulement d'établir la sécurité du prêteur au moment du prêt; il faut que cette sécurité se continue jusqu'au remboursement.

Avec les sous seings privés elle est impossible à tous les instants. Ce qui peut éloigner le capital de la terre morcelée, c'est la facilité que les sous seings privés donnent au débiteur de vendre pièce à pièce le gage du prêteur. Ces ventes ne constatent presque jamais qu'un vingtième, quelquefois même qu'un centième du prix; elles sont ignorées du créancier, qui souvent même ne peut les découvrir, et qui, lorsqu'il les découvre, est obligé de faire des frais considérables pour arriver à une surenchère qui absorbe le prix de la vente.

Les actes authentiques dressés avec le contrôle du notariat, ne seraient pas entachés de toutes ces dissimulations et leur trace ne pourrait s'effacer.

Nous ne pouvons trop le répéter, il n'y aura jamais de véritable crédit foncier, tant que les actes sous seing-privés, contenant mutation d'immeubles, ne seront pas entièrement proscrits.

Certes, l'Etat qui donne la sanction aux transactions civiles, qui y attache sa propre garantie, a le droit d'imposer les conditions sous lesquelles cette garantie peut être utilement invoquée.

Et que l'on ne suppose pas qu'ici l'esprit du notariat fasse sentir son influence; nous nous occupons franchement, loyalement de la recherche des améliorations du crédit, sans acception de profession, et dans le seul intérêt de la propriété qui est un des grands intérêts sociaux.

11. La propriété ainsi authentiquement prouvée entre les mains de l'emprunteur, il convient d'apprécier *l'état civil*, si l'on peut s'exprimer ainsi, du domaine que va frapper l'hypothèque.

Ce domaine, du chef de son propriétaire ou du chef de ses précédents possesseurs, peut être grevé de priviléges, d'hypothèques légales, d'hypothèques judiciaires, d'hypothèques conventionnelles; il peut être, pour un temps plus ou moins long, frappé d'usufruit, même d'inaliénabilité.

C'est là, peut-être, que le travail du moderne législateur pourrait, avec précaution, apporter quelques modifications au système actuellement en vigueur.

12. Nous voudrions, dès l'abord, qu'il fût bien persuadé que ces modifications doivent être une simple amélioration de ce qui est, et non une construction nouvelle qui renversât l'édifice encore récent, mais déjà affermi, de la sagesse de nos prédécesseurs. Presque toutes les questions que le système actuel peut faire naître, nous le répétons, sont levées, éclairées, jugées. La jurisprudence a en quelque sorte cimenté la loi des hypothèques ; gardons-nous de la démolir pour y substituer une autre œuvre, à laquelle soixante ans encore suffiraient à peine pour résoudre définitivement les nouvelles difficultés qui nécessairement en sortiront.

13. Publicité de tous les droits jusqu'à présent occultes, avec les ménagements convenables aux intérêts de ceux qui les possèdent ; rien de mieux !

Qu'ainsi le privilége perde sa qualité de privilége, s'il n'est inscrit dans un temps déterminé ; qu'après ce délai il n'ait plus que la valeur d'une hypothèque conventionnelle, prenant rang à la date de son inscription.

Que, dans le même délai, l'action résolutoire soit rendue publique, de même que le privilége et avec lui, à peine de déchéance.

Que l'hypothèque légale des femmes soit inscrite au fur et à mesure de la naissance des droits qu'elle conserve, et prenne rang à la naissance de ces droits si elle est inscrite dans les trois mois, sinon qu'elle ne prenne rang que du jour de l'inscription.

Que, pendant le mariage, elle puisse être radiée en tout ou en partie ; qu'elle puisse être spécialisée par le consentement de la femme, sur un avis de parent donné en conseil de famille.

Que la femme, sans s'obliger solidairement, puisse faire délégation de son hypothèque légale, ou consentir une priorité de rang, même sans avis du conseil de famille ; elle fait bien plus aujourd'hui, elle *s'oblige personnellement* pour arriver à une cession de son hypothèque légale.

Que l'hypothèque légale des mineurs soit inscrite, à la requête et sous la responsabilité du subrogé-tuteur, sur tel immeuble, pour telle sòmme et dans tel délai que le conseil de famille aura déterminés.

Que soient conservés les priviléges édictés par l'art. 2101 du Code civil, à la charge d'inscrire.

Il arrive trop souvent que les meubles disparaissent à l'ouverture d'une succession, même à l'insu des privilégiés ; il faut leur laisser l'hypothèque comme dernière planche de salut.

Que soit supprimé le privilége des architectes et constructeurs ; il est coûteux à établir, il n'est pas contrôlé et ne peut l'être par les créanciers antérieurs, et il peut cependant diminuer ou même annuler leurs droits.

14. Cette publicité de tous les droits occultes aura le sérieux avantage de supprimer la purge légale, trop coûteuse souvent pour que, dans presque tous les cas, on ne s'en abstienne ; toujours insuffisante pour avertir les parties intéressées d'inscrire leurs droits ; trop étrangère au conservateur qui l'ignore, qui n'en trouve aucune trace sur ses registres, et ne peut apprécier plus tard si l'inscription de ces mêmes droits a ou n'a pas de retentissement sur les immeubles déjà purgés à son insu ; tellement insuffisante ou susceptible de dangers, qu'à chaque mutation nouvelle, lorsqu'il s'agit d'immeubles importants, l'acquéreur croit prudent de recommencer toutes les purges antérieures ; ce qui est aussi un danger d'une autre espèce pour les précédents propriétaires.

15. L'hypothèque judiciaire devrait-elle être supprimée ?
Peut-être que le notariat trouverait un avantage à cette suppression. Nous notaires, au-dessus de tout intérêt personnel, nous pensons que cette suppression n'est pas nécessaire, qu'elle va même contre l'esprit du projet, qui doit tendre à faciliter le crédit.
La suppression n'est pas nécessaire.
L'hypothèque judiciaire n'a de valeur que par son inscription, et de rang que celui de la date de l'inscription même. Elle ne peut donc laisser aucune incertitude aux tiers. Il est vrai qu'elle a un caractère de généralité qui n'est pas de l'essence de l'hypothèque conventionnelle, et qu'en outre, comme l'hypothèque légale, elle frappe tout à la fois les biens présents et les biens à venir ; mais elle n'est pas occulte, elle est souvent un signe préservatif contre des placements légèrement hasardés. Si elle est le résultat d'une condamnation minime, le débiteur qui ne se libère pas et ne la fait pas disparaître, est obéré ou d'une négligence peu rassurante. Si elle compromet par son importance l'avoir immobilier du débiteur, son crédit est épuisé aussi bien par cette hypothèque que par une hypothèque conventionnelle, et il est bon que le public le sache.
Il y a plus, le créancier, ainsi nanti d'un droit réel sur les biens de son débiteur, consentira presque toujours des délais, des facilités pour le paiement ; délais et facilités qu'il refuserait nécessairement au cas contraire, par la nécessité d'éviter des fraudes et de réaliser à l'instant la fortune de son débiteur.
Les considérations mises en avant pour la suppression de cette

hypothèque n'ont réellement que peu de valeur. Celle de l'entente avec des débiteurs pour en évincer d'autres ne peut raisonnablement être soutenue : il est toujours bien plus rapide et quelquefois plus expédient dans de telles circonstances, de souscrire un acte notarié et de prendre à l'instant une inscription.

Il existe à la vérité, dans la pratique, un abus de l'art. 7 du Code de procédure civile ; cet article dispose que les parties pourront toujours se présenter volontairement devant un juge de paix : auquel cas il jugera *leur différend,* soit en dernier ressort, si les lois ou les parties l'y autorisent, soit à la charge d'appel, encore qu'il ne fût le juge naturel des parties, ni à raison du domicile du défendeur, ni à raison de la situation de l'objet litigieux.

Mais, bien compris et sincèrement appliqué, cet article qui n'a trait qu'à un véritable *différend* ne pourra jamais, surtout si le juge de paix est un homme digne et un magistrat consciencieux, dégénérer en un instrument à *obligation judiciaire,* ce que l'on appelle, dans le monde de certains praticiens, un *jugement de consentement.*

La suppression serait nuisible.

Nous allons plus loin, nous pensons que supprimer l'hypothèque judiciaire ce serait nuire au crédit et empêcher une foule de négociations à court terme. Il ne faut pas toujours voir dans la confection des lois les grandes affaires, les grands domaines, les grandes fortunes. La masse de la richesse en France est immensément divisée ; relativement elle est d'une importance extrêmement variable ; aussi, le plus grand nombre en est de valeur très-restreinte. Les frais d'un prêt modique sont peu en rapport avec la somme prêtée ; il en résulte que des emprunteurs solvables trouvent de l'argent sur leur simple billet. Le prêteur livre peu, pour un temps assez court (un an ordinairement). Ainsi un emprunteur qui possède un petit immeuble, une maison appropriée à ses modestes besoins, aura crédit ; car le prêteur verra en expectative, si l'emprunteur vient à faiblir, une hypothèque lui arriver à l'appui d'un jugement. Supprimez cette hypothèque, la bourse se fermera, ou il faudra souscrire immédiatement une obligation onéreuse qui, à l'instant, épuisera peut-être le crédit entier de l'emprunteur. On peut assurer que cette expectative d'hypothèque judiciaire avive les affaires, et notamment les affaires commerciales, et attire le capital pour les grandes aussi bien que pour les petites. Le négociant qui prospère dans son commerce et qui possède des immeubles non grevés, est certain d'attirer à lui, ou plutôt de voir affluer, sans les appeler, tous les capitaux dont il peut avoir besoin ; l'expectative d'une sûreté est souvent plus que la sûreté elle-même. Forcez ce négociant d'avoir recours à un emprunt hypothécaire, les fonds se retireront au seul aspect d'une inscription, fût-elle unique.

Nous proposons au surplus une disposition qui ferait disparaître en peu de temps l'inconvénient de la multiplicité des hypothèques judiciaires. *(Voir sous l'art. 2170.)*

16. L'hypothèque conventionnelle doit être spéciale.

C'est un principe de notre système hypothécaire.

Eh bien! les systèmes des théoriciens fléchissent toujours devant les nécessités de la pratique.

Dans les pays de petite culture où la terre est fractionnée en parcelles éparses sur un ou plusieurs territoires, réparties entre un grand nombre de propriétaires, où les fortunes sont plus que modestes, où l'ouvrier, le manœuvre, le domestique lui-même, a son champ, son enclos, sa petite maison, la spécialité est la généralité. Il s'est introduit dans la langue notariale une formule qui spécialise la généralité; et les tribunaux de tous les degrés ont sanctionné cette rédaction comme remplissant les conditions de la loi.

Avec ce système, la spécialité proprement dite devient peu acceptable; car dès que tous les biens d'un débiteur sont frappés d'une hypothèque conservant la même créance, un prêteur postérieur refusera la seule affectation d'un des immeubles déjà grevés. Ce serait se confier à un gage sans valeur, puisque le créancier qui le précède pourrait requérir sa collocation précisément sur cet immeuble grevé du second emprunt. Il aurait à la vérité le droit de rembourser l'hypothèque qui le grève et d'en user selon son intérêt; mais on n'a pas toujours à sa disposition un capital suffisant, et surtout quand il s'agit d'un ordre à subir, on prévoit un retard considérable dans le paiement des intérêts.

Nous exprimerions, nous, notaire d'un pays de petite culture, le vœu que la généralité fût la règle et la spécialité l'exception.

17. Nous irions plus loin; pénétrant en cela dans l'esprit du mouvement qui appelle des modifications hypothécaires, nous voudrions affermir le crédit en consentant que l'hypothèque conventionnelle frappât aussi les biens à venir, comme l'hypothèque judiciaire, mais seulement lorsque l'emprunteur y aurait consenti.

Nous sommes convaincu que la généralité accordée à l'hypothèque conventionnelle abrégerait beaucoup les embarras du système hypothécaire; il se formerait pour ainsi dire des couches d'hypothèques; ce serait diminuer les frais en supprimant certaines difficultés qui surgissent du concours des hypothèques générales et des hypothèques restreintes à une rigoureuse spécialité.

18. Le titre qui constitue l'usufruit devrait être rendu public par une mention au registre des inscriptions, s'il n'était pas transcrit; et en cas de transcription, le conservateur ferait d'office cette mention, en indiquant, comme dans les autres inscriptions, le nom de l'usufruitier, le nom du nu-propriétaire, la désignation de l'immeuble grevé et la durée de l'usufruit.

19. Le contrat de mariage est apte à recevoir toutes les stipulations qui ne sont en opposition ni avec la morale ni avec l'ordre public (1387 et suiv. C. c.).

La propriété immobilière peut y subir de notables modifications.

Sous le régime de la communauté pure, les immeubles sont toujours aliénables; aliénables sans obligation de remploi surveillé par l'acquéreur, et l'acquéreur valablement libéré en soldant son prix entre les mains du mari, chef et maître des droits mobiliers de la femme, lorsque l'immeuble vendu est propre à cette dernière; ou avec le concours de la femme, à raison de son hypothèque légale, lorsque l'immeuble est propre au mari ou dépend de la communauté.

Mais cette communauté peut être affectée de certaines stipulations qui dérogent à son caractère dominant; mais encore, notamment sous le régime dotal, les biens que la femme s'est constitués en dot ne peuvent être aliénés pendant le mariage, que pour des motifs extrêmement rares, spécialement indiqués au Code, ou prévus au contrat et sous les conditions réglementées par le contrat lui-même.

Dans ces diverses circonstances se trouve encore un obstacle au crédit.

Il faut que le prêteur puisse vérifier si le gage qui lui est offert n'est pas entaché d'inaliénabilité.

Cette justification ne peut s'acquérir que par la représentation du contrat de mariage. Mais l'existence de ce contrat n'est pas un fait indispensable; elle peut être niée, et cela s'est vu plus d'une fois; de là une incertitude extrêmement dommageable au crédit hypothécaire,

Une proposition existe, qui tend à faire déclarer dans l'acte de l'état civil, s'il y a ou non contrat de mariage, et devant quel notaire il a été passé. Quelques difficultés d'exécution, faciles à lever, ne peuvent empêcher d'introduire cette garantie nouvelle. Depuis long-temps, le notariat la désire vivement, elle fait, à chaque instant, besoin dans la pratique des affaires, et nous en sollicitons la plus prompte organisation possible.

Ce sera le complément de la sécurité offerte au prêteur ; et par conséquent un degré de plus accordé à la faveur du crédit foncier.

20. Et, à l'occasion du régime dotal, qu'il nous soit permis d'applaudir aux philosophiques observations de M. le premier président Troplong, sur ce reste de la législation romaine qui retire de la circulation les capitaux et les immeubles ; cette espèce de main-morte en opposition avec les besoins de l'industrie et les nécessités du Trésor, ainsi frustré du revenu régulier de la circulation des richesses privées.

Il serait juste au moins, lorsque chacun doit un concours égal aux charges de l'Etat, que ces biens, qui demeurent immobiles entre les mains de leurs possesseurs et se soustraient ainsi à l'impôt de la mutation, payassent une partie des revenus dont cette immobilité fait profiter leurs possesseurs au détriment du Trésor. Le législateur financier trouverait un moyen d'arriver en partie à ce résultat, en surtaxant les stipulations dotales et les mutations par décès qui feraient tomber des biens sous l'empire de ces stipulations.

Ce serait un moyen de ramener à la longue la France dissidente au régime général de la communauté ; et alors l'obstacle de l'inaliénabilité dont nous nous inquiétions à juste titre sera en grande partie supprimé. Alors la nécessité de la représentation du contrat de mariage n'en serait plus aussi urgente, mais cependant continuerait d'exister jusqu'à ce que le système de la dotalité fût rayé de nos codes ; et peut-être n'en demanderions-nous jamais la radiation, parce qu'il est telle circonstance, rare sans doute, mais cependant possible, où ce système est une sécurité d'avenir pour les familles.

21. *Des conservations d'hypothèques.*

La publicité, base première et désormais indispensable de la conservation des droits hypothécaires, exige l'inscription de ces droits sur les registres du conservateur.

Aux termes de l'art. 2146 du Code civ., il y a une conservation par arrondissement.

Nous pensons que l'innovation proposée, d'en établir une par canton, aurait des résultats contraires au but que l'on se propose, la promptitude et l'économie.

Depuis la révolution de Février, on s'efforce de rompre l'unité d'arrondissement, pour lui substituer l'unité cantonale, fraction trop minime pour avoir des intérêts propres ; tandis qu'il se formait au chef-lieu d'arrondissement un faisceau d'intérêts collectifs qui s'entr'aidaient et se faisaient réciproquement entendre. Ce n'était pas une centralisation dangereuse ; au contraire, elle donnait une certaine unité relative à l'administration qui, en acquerrant plus d'autorité, obtenait une action plus prompte, une impulsion plus gouvernementale.

Au cas qui nous occupe spécialement ici, on n'a pas prévu les graves difficultés pratiques qui en naîtront indispensablement, sans même compter celles de l'administration des domaines et de son personnel, qui ne sont pas les moindres.

Qu'on veuille bien réfléchir que le chef-lieu d'arrondissement est le point central où aboutissent les affaires ; toutes les affaires administratives, civiles, commerciales, même ecclésiastiques. Là sont les bureaux du préfet ou du sous-préfet ; là le tribunal civil ; là les débouchés de toutes les semaines pour les denrées que produit la ferme, les foires et les marchés ; là par conséquent de tous les points de l'arrondissement arrivent les habitants attirés par leurs intérêts de toutes sortes ; là aussi se trouvent les capitaux à placer. Il faudra donc que le prêteur se transporte de canton en canton pour vérifier la situation hypothécaire de celui qui demande à emprunter ; bien plus, la division du sol a mis entre les mains du cultivateur des terres sur différents territoires ; lorsqu'il habite une commune limitrophe d'un autre canton, il possède nécessairement des propriétés sur les cantons voisins ; autant d'états à lever, autant d'inscriptions à prendre et à radier ; frais multipliés, embarras, démarches sans cesse renaissants.

Avec la transcription obligée d'un nombre considérable d'actes ayant rapport à la propriété foncière, on a craint l'impossibilité physique de la tenue d'un registre unique, la difficulté de se diriger dans les recherches, au milieu de cet amas d'actes, la plupart informes.

Mais il est un moyen bien simple de réduire cette agglomération de volumes à leur juste et strict nécessaire : c'est de n'admettre à la transcription que des extraits délivrés par le notaire rédacteur de l'acte et qui contiendraient sommairement l'indication du dernier propriétaire et de ses auteurs connus ; l'indication du propriétaire qui appréhende l'immeuble, la désignation de l'immeuble, les charges et le prix de la transmission.

Avec un pareil extrait, on élimine du registre de la transcription une foule de détails inutiles aux tiers, et qui le plus souvent sont étrangers à l'immeuble transmis ; on rend les recherches faciles, et l'appréciation de la propriété et de ses accessoires beaucoup plus prompte, beaucoup plus certaine.

La seule objection plausible contre la centralisation d'arrondissement tombe donc facilement ; il y a plus, on y répond par une amélioration essentielle.

RÉALISATION FACILE ET PROMPTE.

22. On n'a rien fait pour le crédit, si on n'a assuré la réalisation facile et prompte du capital prêté.
23. Du transport, des obligations à ordre, système Courdemanche.
24. Peu d'utilité des obligations à ordre.
25. Nécessité des endossements notariés.
26. Subrogations, action résolutoire.
27. L'action résolutoire est inhérente au contrat de vente ; elle doit suivre les priviléges, à moins de stipulation contraire.
28. Le crédit ne sera vraiment fondé que quand on aura réduit à la stricte nécessité les frais et les lenteurs de l'expropriation et de l'ordre.
29. La *voie parée* est le meilleur mode d'affermissement du crédit foncier.
30. Modification proposée pour l'expropriation.
31. Des ordres.
32. Ils devraient être, comme les liquidations, renvoyés devant notaires.
33. Nécessité de faire consigner le prix avant la confection de l'ordre.
34. Résumé.

22. On n'a pas tout fait encore en faveur du crédit, quand on a procuré au prêteur : capacité de l'emprunteur, propriété certaine en ses mains, dégrevement du gage de tout privilége, de toute hypothèque occulte ; appréciation facile des charges qui peuvent en diminuer la valeur. Il faut de plus au prêteur certitude de réaliser son capital quand il en aura besoin, et, au plus tard, à l'échéance convenue ; certitude de le faire facilement, sans frais qui en diminuent sensiblement la valeur, et avec une promptitude assez grande pour permettre d'en calculer le terme, un terme convenablement rapproché.

C'est l'office :

Du transport ou cession ;

De l'expropriation ;

De l'ordre.

23. *Le transport*, jusqu'à présent, a été le seul mode adopté pour la réalisation des contrats hypothécaires, avant leur échéance.

Les frais qui en résultent sont un peu plus élevés que ceux de l'obligation primitive, parce qu'il y a nécessité de signifier ce transport au débiteur, pour dessaisir le cédant, et de faire faire à la marge de l'inscription qui conserve l'hypothèque ou le privilége, la mention de la subrogation du nouveau créancier dans les droits du précédent, pour en saisir celui-là au regard du conservateur.

Lorsque les précautions nécessaires ont été prises pour la sécurité de la créance, la cession n'en est pas plus difficile que le prêt lui-même. Elle a l'avantage d'offrir presque toujours une garantie de plus au moyen de l'obligation que le cédant contracte de fournir et faire valoir.

Pour remplacer la cession ou le transport ou au moins pour marcher parallèlement avec lui, on propose une innovation qui parait heureuse au premier abord, mais qui ne peut être appréciée qu'après un assez long temps, et dont la pratique n'a pas encore été expérimentée autrement que dans des cadres très restreints.

Il s'agit de la création d'obligations négociables par un simple endos.

Avant de nous occuper de ces obligations projetées, nous devons rappeler, ou peut-être annoncer (car le fait a eu si peu d'extension qu'il n'est connu que de peu de capitalistes et d'officiers ministériels), nous devons rappeler que M. de Courdemanche a proposé de souscrire des obligations notariées, avec affectation hypothécaire, et de stipuler dans ces obligations elles-mêmes, qu'en paiement de ce capital, et sans novation, il avait été souscrit par l'emprunteur une ou plusieurs lettres de change, mandats ou billets, négociables commercialement, qui ne feraient qu'une seule et même chose avec l'obligation dont ils seraient le fractionnement, le démembrement, et qui conserveraient tous les droits hypothécaires consentis en ces obligations authentiques.

L'inscription faisait mention de cette émission de valeurs négociables, et le conservateur était autorisé à radier cette inscription sur la main-levée donnée par le dernier porteur de ces valeurs, qui seraient annexées à la main-levée. Si les valeurs annexées représentaient la totalité du prêt hypothécaire, l'inscription était définitivement radiée, sinon elle ne l'était que jusqu'à concurrence des valeurs annexées.

Il faut encore remarquer que les valeurs elles-mêmes étaient certifiées par le notaire rédacteur de l'obligation, et avaient ainsi l'authenticité désirable au regard du conservateur qui ne pouvait alléguer ou craindre quelque supposition dangereuse pour le véritable créancier et pour sa propre responsabilité.

Ce système, en apparence un peu compliqué, en réalité susceptible d'amélioration, se trouvait suffisant, facile et simple dans la pratique. Il paraît même préférable aux obligations à ordre, puisqu'il fournit une valeur plus portative et moins embarassante qu'une grosse toujours volumineuse.

Il n'a pu cependant se faire jour : le banquier a refusé ces valeurs, elles étaient à trop long terme pour entrer dans le cadre de ses opérations, elles sortaient de ses habitudes de banque et présentaient *trop* de sûretés pour être favorablement accueillies : le capitaliste a préféré choisir lui-même son débiteur, contrôler directement ses titres, la valeur du gage et imposer ses propres conditions.

Le système Courdemanche n'a pas eu de succès.

24. Les obligations hypothécaires négociables *à ordre*, que l'on propose aujourd'hui, auront-elles plus de faveur ?

Les facilités de transmission que fournit l'*ordre* ne paraissent pas éminemment nécessaires à une obligation hypothécaire.

Le capitaliste qui place ses fonds sur hypothèque veut se procurer un revenu ; et la réalisation de son capital dans un délai rapproché n'entre dans ses prévisions que comme mesure de sûreté ou de paiement exact des intérêts, et non comme un besoin immédiat ou contingent ; aussi donne-t-il toujours un délai suffisant pour sa restitution, ordinairement 6, 8 ou 10 ans ; quelquefois par fraction ; il stipule même, tant il désire conserver un placement qui lui agrée, qu'on ne pourra lui en offrir le remboursement avant les époques convenues, ou du moins avant un averti de quelques mois, pour lui laisser le temps de se pourvoir ailleurs.

Dans ces circonstances, qui sont les plus ordinaires, la cession d'une pareille créance est bien rare, le besoin de l'opérer est une exception ; personne ne songe à faire un tel placement précisément pour le négocier ensuite.

Par cette raison même les obligations à ordre ne seront que d'une faible utilité, on les acceptera sans doute parce que ce pourra être une facilité de plus, mais on en usera peu.

Il est à craindre que ce ne soit un embarras de plus dans les ordres ; si les mentions de transfert ont été omises au registre du conservateur, on ne saura où trouver le propriétaire de la créance, et ce propriétaire sera privé d'une collocation faute de production ; ce serait alors une chance de perte, plutôt nuisible que favorable au crédit foncier.

Toutefois, il convient, si l'on veut en faire l'essai, d'organiser ce mode de transfert.

25. Pour cette organisation, il ne faut pas oublier que tout ce qui a rapport à l'hypothèque depuis sa création, en traversant toutes les modifications qu'elle peut subir jusqu'à son extinction et la radiation de l'inscription qui en a été prise et qui lui donne la vie, relève de l'authenticité.

Que, sans authenticité, il n'y a plus ni sûreté, ni garantie.

Le passage du droit hypothécaire d'une main dans une autre, doit, comme l'acte même, être empreint d'authenticité; le conservateur, en effet, ne peut jamais être tenu de connaître des signatures non-légalement authentiques; ses devoirs ne sont pas là, il ne peut exister d'intermédiaire privé entre l'inscription et sa radiation; nous allons plus loin, entre le créancier et le conservateur.

Que l'on songe bien que, non-seulement il faut la sincérité de la signature, mais encore l'énonciation et la *preuve* de la propriété du signataire, de sa capacité; et, si le titre est arrivé par suite de décès entre les mains de plusieurs héritiers, qui constatera que ceux-ci sont les véritables et les seuls héritiers? qu'ils sont majeurs? libres de leurs droits? et si ces héritiers ne sont pas d'accord sur la cession! Si quelques-uns négocient, si d'autres conservent, comment fractionner, qui demeurera dépositaire du titre? Au milieu de ces conflits, que pourra faire le conservateur? le déchargera-t-on de sa responsabilité? alors, plus de sécurité pour personne. Voilà de graves obstacles à la réalisation d'un projet séduisant au premier coup-d'œil, mais impraticable, si l'on n'y appelle l'autorité notariale.

L'absence du notariat dans ces négociations mixtes qui tiennent du transport civil par le fond, de la cession commerciale par la forme, aurait pour résultat immédiat l'annulation de toutes les conditions de l'hypothèque conventionnelle, du moment où cette hypothèque pourrait passer ainsi de main en main sans un certificat d'origine. Il serait inutile de la constituer sévèrement. Le contact de la main-privée, à un seul instant de son existence, en romprait toute la trame, lui enlèverait toute certitude, toute capacité. Les tiers pourraient à chaque instant la contester, et ce mode, que l'on espère rendre favorable au crédit, le ruinerait en peu de temps par les procès qu'il engendrerait, et les difficultés sans cesse renaissantes que pourrait opposer le conservateur.

On conçoit que, sous l'autorité du notariat, il peut se réaliser.

Un autre motif, sérieux aussi, sous le rapport de l'impôt, vient militer pour l'endossement notarié; l'endossement sous-seings privés serait le moyen le plus facile de frauder les droits de succession; le père de famille aurait soin d'apposer en blanc sa signature sur tous ses titres et contrats; à son décès les blancs seraient remplis au profit de ses héritiers, sous une date antérieure au décès.

L'*ordre* devrait être passé en la forme authentique, en minute; on annexerait à l'acte *d'ordre* toutes les preuves du droit à la créance, et le notaire ferait sur la grosse mention du transfert et de ses conditions de garantie ou de non-garantie. Il délivrerait un *certificat de propriété* pour le conservateur, qui ferait, à la marge de l'inscription originaire, la mention de subrogation.

Si la créance n'était pas cédée en entier, le titre exécutoire serait lui-même annexé à l'acte de passé *à ordre*, et le notaire en délivrerait des grosses partielles à qui de droit.

Comme ces obligations *à ordre* sont proposées en vue d'une transmission facile et peu coûteuse, il serait nécessaire de dispenser ces actes des formalités de timbre et d'enregistrement, ou réduire l'enregistrement à un simple droit fixe, le plus minime possible, et les honoraires du notaire au droit de l'agent de change pour le transfert des rentes.

Avec ces précautions, l'obligation hypothécaire à ordre pourra rendre des services, surtout lorsque, le terme arrivé, le débiteur ne pourra se libérer et que le créancier lui refusera une prorogation de délai ; il sera beaucoup moins coûteux de souscrire *un ordre* qu'un transport, et le débiteur, ainsi exonéré de ces frais, se trouvera plus souvent à même d'éviter de rigoureuses poursuites.

26. Comme conséquence des transports viennent les subrogations. Elles sont ou conventionnelles ou légales. (Code civil, art. 1250, 1251.)

Conventionnelles, elles subissent toutes les modifications que les parties peuvent légalement leur imposer.

Légales, elles doivent être entières et sans réserve de tous les droits de la créance remboursée. Si cette créance est le résultat d'une vente immobilière ou de toute autre mutation d'immeubles, elle est accompagnée du droit de résolution. Ce droit est la conséquence de la nature de l'acte, il en est une des conditions essentielles, toujours sous-entendue, et par conséquent une des sûretés, et quelquefois la seule sûreté que puisse obtenir le propriétaire non payé.

Il arrive en effet souvent que, du chef du nouveau propriétaire, l'immeuble se trouve grevé d'inscriptions qui en dépassent de beaucoup la véritable valeur ; il peut être déprécié par une négligence coupable, par une volonté plus coupable encore. Les frais d'expropriation, ceux d'ordre qu'on ne pourra éviter, mettent en danger la créance privilégiée. L'action résolutoire coupe court à ces frais ; l'immeuble rentre entre les mains de son propriétaire dégagé de toutes les charges créées par son précaire détenteur.

27. A l'occasion de cette action résolutoire, le projet de loi que nous examinons appelle, en son article 2110, 2° deuxième alinéa, l'attention sérieuse du législateur.

Trois dispositions en résultent :

« L'action résolutoire ne passe pas au bailleur de fonds si la cession n'en est pas expressément faite.

» Elle ne peut s'exercer par le vendeur ou le cessionnaire que contre l'acquéreur seul.

» Pour qu'elle puisse être exercée contre des tiers, il faut qu'elle soit stipulée formellement au contrat de vente. »

Ces trois propositions sont une dérogation trop vive aux principes du droit, pour être acceptées.

L'inexécution d'un contrat synallagmatique par une des parties, est l'annulation même du contrat.

Si l'acheteur ne paie pas le prix, le vendeur peut demander la résolution de la vente (C. c. art. 1654).

La résolution de la vente d'immeubles est prononcée de suite si le vendeur est en danger de perdre la chose et le prix (Code civil art. 1655).

Le Code ne distingue pas ; la résolution doit être prononcée entre les mains de quelque personne que se trouve l'immeuble.

Le cessionnaire, et notamment celui qui a une subrogation légale, sont en tous les droits du créancier qu'ils ont désintéressé.

Ce sont là des stipulations toujours sous-entendues. En exiger l'expression aux contrats, c'est exiger une redondance. Il est évident que le vendeur ne voudra jamais abandonner son action résolutoire ; que le cessionnaire exigera qu'on la lui transmette ; alors on l'exprimera dans tous les actes, et l'on aura, pour tout résultat, fait revivre des clauses de style, dont le notariat s'était heureusement débarassé depuis quarante ans. La langue sévère, nette et concise de nos lois, avait, depuis le Code civil, passé dans les actes ; ils reprendraient leurs anciennes locutions, et comme on craindrait de n'être pas assez explicite ou de laisser prise à la chicane, pour éviter des incertitudes, et surtout des procès, on surchargerait les actes de mots inutiles.

Restons dans le droit, nous serons toujours dans le vrai.

Que l'absence de stipulation soit au contraire la certitude de la règle ; que l'exception s'inscrive à l'acte quand les parties voudront la stipuler. — Rien de mieux.

Nous avons exprimé les motifs qui nous déterminent à conserver l'action résolutoire : elle est l'*ultima ratio* des créanciers aux abois. Nous désirons vivement, nous demandons que cette arme passe entière, avec sa toute-puissance, entre les mains de celui qui représente le vendeur, à quelque dégré qu'elle doive frapper.

Toutefois, la loi peut régler l'exercice de ce droit, même les circonstances qui le rendent impuissant. C'est ce qu'elle a déjà fait dans les art. 692, 693 et 717 du Code de procédure civile.

28. Il resterait à s'occuper de *l'expropriation et de l'ordre*.

Ces deux lois sont le complément, disons mieux, la pierre angulaire du crédit foncier. Il n'existera véritablement que quand elles seront faites sur des bases telles que les frais exorbitants d'une part, et la perte énorme de temps de l'autre, auront disparu des procédures exigées actuellement pour arriver à la liquidation d'un titre de créance hypothécaire.

Le capital ne s'engagera volontiers dans un prêt hypothécaire que quand il pourra, en y entrant, en apercevoir l'issue facile et prompte.

Nous n'entrerons pas ici dans de longs détails sur des propositions qui ne sont pas encore en discussion. Posons seulement des principes dont il sera facile de déduire des corollaires.

La procédure en expropriation, malgré les soins que le législateur de 1841 a mis à la simplifier, retient encore le caractère tout particulier que le législateur de l'an XII a imprimé au titre des hypothèques, à savoir la sauvegarde de la propriété foncière. Tout y marche avec lenteur. Une foule de formalités entravent le droit du capital et reculent à l'infini la satisfaction qui lui est due.

Il en résulte, outre une perte de temps précieux, des frais considérables, qui, par leur privilége indispensable, diminuent grandement la sûreté du prêteur.

29. Il existait alors une stipulation que la Cour de cassation a déclarée *légale* (quatre arrêts du 20 mai 1840), que le premier magistrat du parquet de cette Cour, de la hauteur de son siége, de l'autorité de sa conscience, de sa raison et de sa parole, a déclarée *morale*. Cette stipulation s'appelait *la voie parée,* c'est-à-dire la condition sous laquelle un prêt était consenti, qui autorisait le prêteur, en cas de non paiement de son capital, à faire vendre par lui-même, à sa requête, avec publicité, aux enchères, devant notaire, en un mot sous des formes réglées, convenues à l'avance, l'immeuble qui lui était hypothéqué.

Tant que cette faculté de droit naturel ne sera pas rétablie dans nos lois, sauf à la régulariser, on peut dire que le crédit foncier ne sera pas suffisamment organisé.

30. Les formes de l'expropriation doivent être aussi considérablement modifiées. Il faut que le débiteur, à toutes les phases de la procédure, puisse en arrêter le cours par un simple acte extra-judiciaire signifié au poursuivant, déclarant son intention de vendre l'immeuble par adjudication devant notaire, le délai dans lequel cette adjudication aura lieu, avec délégation irrévocable au créancier du droit de poursuivre lui-même la vente, si dans la quinzaine avant le jour fixé, les publications n'ont pas été faites.

Si le créancier prétend que le délai demandé par le débiteur est trop long, un simple référé devant le président du tribunal de la situation des lieux, fixera définitivement ce délai.

31. Quant aux *ordres*, il est connu de tous les gens de pratique et plus encore de tous les créanciers qui les ont subis, qu'il faut ordinairement deux ans, trois ans, pour en voir la fin; même il en est qui se perpétuent indéfiniment.

Les frais s'accumulent, les acquéreurs deviennent insolvables, et le créancier, qui souvent n'a que ses rentes pour vivre, ne peut toucher ni intérêt ni principal.

32. Qu'est-ce qu'un ordre ?

C'est la vérification de la régularité du titre de chaque créancier inscrit, l'établissement de son capital et de ses intérêts conservés par l'inscription, la fixation de son rang hypothécaire et l'application de son droit au prix des biens vendus.

Ne sont-ce pas là précisément les opérations ordinaires de liquidation et de partage que la loi attribue au notariat, desquelles il s'acquitte toujours avec zèle et impartialité.

Les ordres devraient donc être, comme les liquidations, renvoyés devant notaire. On peut affirmer que les frais en seraient moindres, et surtout l'exécution beaucoup plus prompte.

Comme dans les liquidations, les difficultés qui pourraient se présenter, si elles n'étaient pas aplanies par le caractère tout conciliateur du fonctionnaire chargé de l'ordre, seraient renvoyées à l'audience.

Enfin, si aucune difficulté n'était soulevée, l'ordre clos deviendrait exécutoire, en vertu des bordereaux délivrés par le notaire commis.

33. Les notifications que sont obligés de faire les acquéreurs aux créanciers, pour mettre ces derniers en demeure de surenchérir, doivent, à peine de nullité, contenir l'offre de payer immédiatement le prix.

Malheureusement, cette offre est toujours mensongère ; on compte sur la lenteur ordinaire des ordres, et, trop souvent, lorsqu'il s'agit de mettre le bordereau à exécution, les capitaux ne sont plus entre les mains de l'acquéreur, s'ils y ont jamais été.

Un inconvénient beaucoup plus grave pour les créanciers, c'est la collocation elle-même, qui restreint leur droit hypothécaire sur le seul immeuble dont le prix leur est attribué, tandis que leur inscription en frappait encore d'autres, dont le prix est attribué à d'autres créanciers, quelquefois en rang inférieur.

La sûreté est donc infiniment réduite ; elle est trop souvent insuffisante, car la chaleur de l'enchère a pu faire adjuger à un prix exagéré, l'immeuble a pu dépérir, l'acquéreur devenir insolvable.

De ces circonstances, il résulte un véritable danger pour le prêteur, et une répulsion nouvelle pour le capital.

Il serait urgent d'ordonner, comme pour les contributions, le dépôt du prix à la caisse des consignations, avant les notifications, ou au plus tard dans la quinzaine de ces notifications, sans se préoccuper du délai pour la surenchère, et de la surenchère elle-même.

34. Au résumé,

Si, d'un regard élevé, nous considérons dans son vaste ensemble l'organisation du *crédit foncier*, telle que semblent la réclamer les besoins de l'agriculture et le mouvement des idées nouvelles : nous reconnaîtrons que le point de vue du législateur de l'an xii n'est plus, et ne peut plus être celui du législateur de nos temps modernes.

En l'an xii, on sauvegardait la propriété, en 1850, on veut sauvegarder le capital.

Sans se jeter dans de dangereuses innovations, voici un système simple, éminemment pratique, et qui tient un juste milieu entre les deux extrêmes que nous signalons.

Conservation des trois sortes d'hypothèques : légale, judiciaire, conventionnelle.

Généralité de toutes sur les biens présents et à venir.

Nécessité de leur inscription.

Enonciation, même pour l'hypothèque légale, de la somme conservée.

Durée de quinze années, sans renouvellement.

On le voit, deux seuls changements notables sont à faire pour ramener toutes les hypothèques à l'unité : somme déterminée pour l'hypothèque légale, généralité sur les biens présents et à venir pour l'hypothèque conventionnelle.

Cette unité, cette uniformité dans les trois sortes d'hypothèques, réduisent toutes les difficultés possibles à la question du rang que leur donne leur inscription ; et comme elles s'étendent toutes sur les mêmes immeubles, comme elles sont en quelque sorte superposées l'une à l'autre, rien de plus facile que de déterminer ce rang.

Quant à la spécialité résultant forcément de l'inscription de quelques priviléges, elle ne pourra jamais interrompre cette belle unité de système, car cette spécialité est invulnérable, et son droit privilégié s'exerce avant toutes les autres inscriptions, qui ne peuvent en aucune manière la primer, la déposséder.

Elle sera la règle.

L'exception sera la spécialité.

La spécialité pourra s'appliquer à l'hypothèque légale aussi bien qu'à l'hypothèque conventionnelle ; on pourra l'obtenir du tribunal pour l'hypothèque judiciaire.

La spécialité ne convient véritablement qu'aux fortunes assez grandes pour pouvoir offrir un démembrement d'elles-mêmes en garantie d'un emprunt.

La voie parée, enfin, pour couronner cette œuvre protectrice, efficace, du crédit foncier, non pas substituée à l'expropriation, mais marchant parallèlement avec elle, apportera aux petites fortunes, qui sont la presque généralité, le secours de son intervention.

Et comme complément de sollicitude envers le capital, *l'ordre* sera judiciairement renvoyé à un notaire commis à cet effet par le tribunal, et ne pourra être ouvert qu'après consignation du prix.

Ce système, organisé dans ses détails, aura l'avantage inappréciable de s'approprier aux petites comme aux grandes fortunes, ce qui malheureusement ne se trouve pas assez souvent dans nos lois. Il simplifiera tout, jettera un niveau nécessaire sur toutes les créances, diminuera les frais et donnera au capital la sécurité qu'il demande.

EXAMEN DÉTAILLÉ

DU

PROJET OFFICIEL.

TITRE XVIII.

De la constitution de la propriété à l'égard des tiers, et des priviléges et hypothèques.

PREMIÈRE PARTIE.

CONSTITUTION DE LA PROPRIÉTÉ A L'ÉGARD DES TIERS.

Art. 2092. Tous actes, à titre gratuit ou onéreux, translatifs ou déclaratifs de propriété immobilière, d'emphytéose, d'usufruit, d'usage, d'habitation, ou constitutifs de servitude apparente ou non apparente, et d'autres droits réels sur les mêmes propriétés, les baux excédant dix-huit ans ou ceux de moindre durée, contenant quittance de trois ans de loyer ou au-delà, seront transcrits en entier sur les registres du bureau de la conservation des hypothèques, dans l'arrondissement duquel les biens sont situés. Jusques-là, ils ne peuvent être opposés aux tiers qui auraient contracté sans fraude avec le vendeur.

Art. 2093. Les actes authentiques et les actes sous signatures privées seront admis à la transcription.

Art. 2094 (C. c. 2181). La transcription se fera sur un registre à ce destiné, et le conservateur sera tenu d'en donner reconnaissance au requérant.

Art. 2095. Lorsque les receveurs de l'enregistrement recevront la déclaration de droits successifs à l'occasion d'immeubles situés dans la circonscription de leurs bureaux respectifs, ils seront tenus d'en donner immédiatement avis au conservateur dans la circonscription duquel se trouvent situés ces immeubles. Cet avis contiendra les nom, prénoms, profession et domicile du défunt, les noms, prénoms, professions et domiciles des héritiers, et la désignation des immeubles à l'occasion desquels la déclaration est faite et les droits payés.

Cet avis sera transcrit en entier, à la date de sa réception, sur le registre des transcriptions, par le conservateur, qui, sous sa responsabilité, devra le comprendre dans les états ou certificats à délivrer par lui des mutations immobilières.

Art. 2096 (C. c. 2182). La simple transcription des titres translatifs de propriété, ou de tous autres droits réels, sur les registres du conservateur, ne purge pas les hypothèques et les priviléges inscrits sur l'immeuble.

Le vendeur ne transmet à l'acquéreur que la propriété et les droits qu'il avait lui-même sur la chose vendue; il les transmet sous l'affectation des mêmes priviléges et hypothèques dont il était était chargé.

Art. 2097. A partir du jour de la transcription, il ne pourra être requis ni fait utilement aucune inscription sur le précédent propriétaire, même en vertu de titres antérieues aux aliénations.

Art. 2098. Les articles 834 et 835 du Code de procédure civile sont abrogés.

Toute cette première partie serait à modifier, à raison du principe exclusif qui y domine. (Mémoire, Nᵘ 9.)

Vouloir de la transcription faire sortir la sanction de la propriété, c'est donner au conservateur les fonctions du juge, les attributions du notaire. C'est bouleverser tous les principes du droit, tous les errements sur lesquels repose le bel ensemble de nos lois civiles; c'est enlever *la preuve* aux actes, pour l'attribuer à une simple formalité, formalité incapable même d'assurer la sincérité de ces actes : c'est, d'un mot, annuler l'acte sous seing privé, et dépouiller l'acte authentique de son autorité,

Laissons à la transcription son caractère légal : *la publicité;* publicité sans garantie aucune; gardons-nous donc de lui donner à elle, forcément inintelligente, sans sanction possible, *le droit translatif*, qui autrefois exigeait une tradition réelle, publique, et qui ne peut aujourd'hui se prouver que par un *instrument écrit, signé de toutes les parties.*

C'est que la transcription devenue obligatoire pour constituer la propriété à l'égard des tiers, pour les faits à venir, serait la ruine des fortunes médiocres, qui sont en France la généralité. Le législateur doit se préoccuper avant tout de la généralité.

On va même, en cela, contre le but avoué des modifications proposées, contre la facilité, la protection à donner au crédit foncier.

Il est évident que, malgré l'impérieuse nécessité de la transcription, on ne transcrira pas, ou l'on ne transcrira que les actes importants. La fortune de nos cultivateurs est composée d'une suite d'agglomérations successives; un champ vient se joindre à un champ, au fur et à mesure que les économies le permettent ou que les convenances le sollicitent. On songe peu alors à l'emprunt à venir. Quand le besoin de cet emprunt se fera sentir, il faudra donc faire transcrire tous ces actes successifs, souvent d'une importance des plus minimes. De quels embarras ne sera pas alors grevé la propriété, qui aura été mulctée rétroactivement de tous les faits postérieurs des précédents propriétaires. Le moindre inconvénient de la disposition que nous repoussons serait de faire dépenser à l'instant, en frais, une partie de la somme empruntée. C'est donc là un obstacle sérieux au crédit et à sa prompte réalisation.

La transcription immédiatement translative de propriété, sans délai pour l'inscription de droits réels antérieurs à la mutation, est un moyen de fraude qui répugne à la loi; c'est encore un obstacle au crédit foncier.

L'assimilation aux actes translatifs de propriété des baux et des actes déclaratifs de propriété, outre qu'elle a l'inconvénient grave de confondre des résultats tout-à-fait opposés, des droits différents, et par suite de jeter dans les idées un trouble toujours fâcheux, aurait pour résultat direct de frapper les baux et les partages (devenus susceptibles de transcription) d'un droit d'enregistrement proportionnel de 1 1/2 p. %, plus le dixième, tandis que le droit qui leur est applicable, et qui ne serait pas supprimé, n'est que de $0^r,20$ pour 100 fr. à l'égard des baux, et de 5 fr. fixe à l'égard des partages.

Le projet a évidemment confondu avec la transcription une publicité quelconque, se rapprochant de celle de l'Allemagne, une espèce de bilan de la propriété foncière; un registre spécial sur lequel viendrait s'annoter tout ce qui la modifie, à quelque titre que ce soit. C'est encore là une de ces théories décevantes que la pratique réduit à sa juste valeur : l'impossible.

Une seule disposition serait, comme nous l'avons dit, utile à édicter; ce serait la nécessité de l'authenticité ou de la reconnaissance légale des signatures des actes translatifs et déclaratifs de propriété. (Mémoire, N°s 9 et 10.)

Nous en recommandons une qui est indispensable; elle a rapport aux partages anticipés faits par père et mère au profit de leurs enfants. Cette démission de biens est fréquente, surtout dans les campagnes; elle a bien des avantages : elle évite des frais de partage au décès des donateurs, surtout quand il se trouve parmi les héritiers des mineurs; elle arrête tout procès qui pourrait naître à l'occasion de la liquidation des successions; elle remet, en des mains jeunes et laborieuses, des champs qu'une main sénile ne peut plus travailler; elle forme de nouvelles familles attachées au sol et par conséquent à l'ordre.

La loi du 16 juin 1824, dans l'intérêt qui s'attache à ces présuccessions, les a dispensées du droit de transcription lors de l'enregistrement. Elles ne sont jamais transcrites, elles devraient toujours l'être cependant, et le défaut de transcription peut être opposé par toute personne ayant intérêt (art. 939 et 941 C. c.). Il en résulte un sérieux obstacle aux emprunts que les donataires sont quelquefois obligés de faire à l'occasion d'un commencement d'exploitation rurale.

Il est nécessaire que le crédit foncier ne puisse être à l'avenir arrêté par ce défaut de formalité. Nous proposons les dispositions suivantes :

Art. 2092. « Tous actes translatifs ou déclaratifs de propriété immobilière ou de droits réels immobiliers, soit onéreux, soit à titre gratuit en ligne directe, seront opposables aux tiers pour les faits postérieurs, savoir : les actes authentiques, du jour de leur date ; les actes sous-seings privés, du jour de la reconnaissance des signatures en justice ou devant notaire ; les actes translatifs de propriété ne seront opposables aux tiers pour les faits antérieurs, que quinze jours après leur transcription, conformément à l'art. 834 du Code de procédure civile. »

Art. 2093. « Les actes authentiques, ou à signatures reconnues, seront seuls admis à la transcription. »

Art. 2094. « Ces actes ou les extraits qui en seront délivrés par l'officier public, qui les aura légalement reçus, seront transcrits en entier sur un registre à ce destiné, par le conservateur des hypothèques dans l'arrondissement duquel les biens sont situés. »

« Le conservateur donnera au requérant récépissé de la présentation de ces actes ou extraits. »

Art. 2096. La simple transcription, etc., comme dans le projet.

Supprimer les art. 2095, 2097 et 2098.

DEUXIÈME PARTIE.

DES PRIVILÉGES ET HYPOTHÈQUES.

CHAPITRE Ier.

Dispositions générales.

Art, 2099 (C. c. 2092). Quiconque s'est obligé personnellement est tenu de remplir son engagement sur tous ses biens mobiliers et immobiliers présents et à venir.

Art. 2100 (C. c. 2093). Les biens du débiteur sont le gage commun de ses créanciers, et le prix s'en distribue entre eux par contribution, à moins qu'il n'y ait entre les créanciers des causes légitimes de préférence.

Art. 2101 (C. c. 2094). Les causes légitimes de préférence sont les priviléges et hypothèques.

CHAPITRE II.

Des priviléges.

Art. 2102 (C. c. 2095). Le privilége est un droit que la qualité de la créance donne à un créancier d'être préféré aux autres créanciers, même hypothécaires.

Art. 2103 (C. c. 2096). Entre les créanciers privilégiés, la préférence se règle par les différentes qualités des priviléges.

Art. 2104 (C. c, 3097). Les créanciers privilégiés qui sont dans le même rang sont payés par concurrence.

Art. 2105. (C. c. 2098). Le privilége à raison des droits du trésor public et l'ordre dans lequel il s'exerce sont réglés par les lois qui les concernent.

Néanmoins, le Trésor public ne peut obtenir de privilége que sur les biens meubles.

Art. 2106 (C. c. 2099). Les priviléges peuvent être exercés sur les meubles ou sur les immeubles.

SECTION PREMIÈRE.

Des priviléges sur les meubles.

Art. 2107 (C. c. 2100). Les priviléges sont, ou généraux, ou particuliers, sur certains meubles.

§ Ier. Des priviléges généraux sur les meubles.

Art. 2108 (C. c. 2101). Les créances privilégiées sur la généralité des meubles sont celles ci-après exprimées, et s'exercent dans l'ordre suivant :

1° Les frais de justice ;

2° Les frais funéraires ;

3° Les frais quelconques de dernière maladie, concurremment entre ceux à qui ils sont dus ;

4° Les salaires des gens de service pour l'année échue, et ce qui est dû sur l'année courante ;

5° Les fournitures de subsistances faites au débiteur et à sa famille, savoir : pendant les six derniers mois, par les marchands en détail, tels que boulangers, bouchers et autres; et pendant la dernière année, par les maîtres de pension et marchands en gros.

Le projet propose la suppression du droit hypothécaire des priviléges édictés en l'art. 2101 C. c. Nous en demandons le maintien. Ces priviléges sont le résultat de dépenses tellement indispensables et sacrées, qu'on ne peut les réduire à la chance de ne pouvoir être couverts si le mobilier est insuffisant, ou s'il disparaît. (Mémoire, N° 13.)

§ II. Des priviléges sur certains meubles.

Art. 2109 (C. c. 2102). Les créances privilégiées sur certains meubles sont :

1° La créance sur le gage dont le créancier est saisi; .

2° Les frais faits pour la conservation de la chose;

3° Le prix d'effets mobiliers non payés, s'ils sont encore en la possession du débiteur, soit qu'il ait acheté à terme, ou sans terme.

Si la vente a été faite sans terme, le vendeur peut même revendiquer ces effets tant qu'ils sont en la possession de l'acheteur, et en empêcher la revente, pourvu que la revendication soit faite dans la huitaine de la livraison, et que les effets se trouvent dans le même état dans lequel cette livraison a été faite.

Le privilége du vendeur ne s'exerce toutefois qu'après celui du propriétaire de la maison ou de la ferme, à moins qu'il ne soit prouvé que le propriétaire avait connaissance que les meubles et autres objets garnissant sa maison ou sa ferme n'appartenaient pas au locataire.

Il n'est rien innové aux lois et usages du commerce sur la revendication.

Le titulaire d'un office sujet à cautionnement, qui a présenté et fait agréer un successeur, n'a de privilége pour le prix à lui dû, qu'à la condition de rendre public son titre dans le mois de l'installation du nouveau titulaire, à la chambre de discipline, ou, à défaut de chambre de discipline, au greffe du tribunal.

4° Les loyers et fermages des immeubles sur les fruits de la récolte de l'année et sur le prix de tout ce qui garnit la maison louée ou la ferme, et de tout ce qui sert à l'exploitation de la ferme, savoir : pour tout ce qui est échu et pour tout ce qui est à échoir, si les baux sont authentiques, ou si, étant sous signatures privées, ils ont une date certaine; et, dans ces deux cas, les autres créanciers ont le droit de relouer la maison ou la ferme pour le restant du bail, et de faire leur profit des baux ou fermages, à la charge toutefois de payer au propriétaire tout ce qui lui serait encore dû;

Et à défaut de baux authentiques, ou lorsque, étant sous signatures privées, ils n'ont pas une date certaine, pour ce qui est dû sur l'année courante ou pour celle qui l'aura précédée.

Le même privilége a lieu pour les réparations locatives et pour tout ce qui concerne l'exécution du bail.

Néanmoins les sommes dues pour les semences ou pour les frais de la récolte seront payées sur le prix de la récolte, et celles dues pour ustensiles, sur le prix de ces ustensiles, par préférence au propriétaire, dans l'un et l'autre cas.

Le propriétaire peut saisir les meubles qui garnissent sa maison, lorsqu'ils ont été déplacés sans son consentement, et il conserve sur eux son privilége, pourvu qu'il ait fait la revendication, savoir : lorsqu'il s'agit du mobilier qui garnissait une ferme, dans le délai de quarante jours, et dans celui de quinzaine, s'il s'agit des meubles garnissant une maison.

5° Les fournitures d'un aubergiste, sur les effets du voyageur qui ont été transportés dans son auberge ;

6° Les frais de voiture et les dépenses accessoires, sur la chose voiturée ;

7° Les créances résultant d'abus et prévarications commis par les fonctionnaires et officiers publics dans l'exercice de leurs fonctions, sur les fonds de leur cautionnement et sur les intérêts qui en peuvent être dûs.

La propriété des offices est une fortune tout entière autour de laquelle viennent s'abriter les intérêts de plusieurs familles, de plusieurs générations. Cette propriété a un caractère unique, la main publique lui imprime le mouvement, la capacité personnelle, la valeur ; elle appelle à tous ces titres la sollicitude du législateur. Elle tient une place à part entre les meubles et les immeubles. Sa nature, son importance demandent d'autres garanties qu'une simple publicité de chambre ou de greffe. Les registres de la transcription ne seraient pas de trop à de si graves intérêts.

Nous proposons de faire un numéro spécial pour les offices, savoir :

« 4° Le prix des cessions d'offices faites en exécution de l'art. 91 de la loi de finances du 28 avril 1816, sur le prix ou l'indemnité des mutations postérieures, immédiates ou non, opérées sur présentation ou même d'office, ainsi que sur l'indemnité due au titulaire par suppression d'office.

» Ce privilége se conserve par la transcription du traité dans le mois de la prestation du serment du cessionnaire immédiat, sur les registres de transcription hypothécaire, au bureau dans l'arrondissement duquel s'exerce l'office, et par l'inscription d'office que le conservateur est tenu d'en faire, laquelle devra être renouvelée comme une inscription hypothécaire. »

« Ce privilége, ainsi conservé, s'étendra aussi sur le dividende des indemnités qui seraient accordées pour raison de création d'un nouvel office, au profit des titulaires d'offices en concurrence. »

« Cette transcription ne donnera pas ouverture au droit proportionnel de 1 1/2 p. 0/0. »

5° Les loyers, etc.

SECTION II.

Des priviléges sur les immeubles.

Art. 2110 (C. c. 2103). Les créances privilégiées pour les immeubles sont :

1° Le vendeur, sur l'immeuble vendu, pour le paiement du prix et de cinq années d'intérêt au plus, quels que soient les actes d'interruption qu'il ait pu faire à l'égard de l'acquéreur.

S'il y a plusieurs ventes successives dont le prix soit dû en tout ou en partie, le premier vendeur est préféré au second, le deuxième au troisième, et ainsi de suite.

2° Ceux qui ont fourni les deniers pour l'acquisition d'un immeuble, pourvu qu'il soit authentiquement constaté, par l'acte d'emprunt, que la somme était destinée à cet emploi, et par la quittance du vendeur, que le paiement a été fait des deniers empruntés.

Mais l'action résolutoire ne passera pas à ces bailleurs de fonds, ainsi privilégiés, à moins qu'il ne leur en ait été fait une cession expresse ; et le vendeur lui-même, comme le cessionnaire, ne pourra l'exercer que contre l'acquéreur seulement ; toutefois, si l'action résolutoire a été formellement stipulée dans le contrat de vente, le vendeur, comme son cessionnaire, aura le droit de s'en prévaloir contre les tiers.

3° Les copermutants, sur les immeubles réciproquement donnés en échange, pour le paiement des soultes ou retours,

Sans préjudice du droit que l'art. 1705 accorde au copermutant évincé, de demander des dommages-intérêts ou de répéter sa chose, mais à la condition de ne l'exercer que contre le vendeur seulement, à moins que l'acte de partage ne réserve formellement l'action résolutoire au copermutant évincé.

4° Les cohéritiers pour le paiement des soultes ou retours des lots et pour le prix de la licitation, mais seulement sur les immeubles chargés desdites soultes ou licités,

Sans préjudice de la garantie des partages, telle qu'elle est définie par l'art. 884, laquelle ne pourra néanmoins s'exercer ni avoir d'effet que relativement aux cohéritiers, à moins de conditions contraires expressément stipulées dans l'acte de partage.

5° Les créanciers et légataires qui demandent la séparation des patrimoines du défunt, conformément à l'art. 878, sur les immeubles de la succession (1).

Remplacer le premier alinéa du N° 2 par cette disposition, qui formerait le 5° de l'article :

« Ceux qui ont fourni les deniers pour rembourser une créance privilégiée, pourvu que la subrogation ait été obtenue conformément aux articles 1249 et suivants du Code civil, par acte authentique. »

Supprimer l'alinéa qui commence par ces mots ; « Mais l'action résolutoire ne passera, etc. » Y substituer ceux-ci : « La demande en résolution devra être dénoncée aux créanciers inscrits sur l'immeuble, lesquels pourront y intervenir à leurs frais, dans les quinze jours au plus tard de la dénonciation. »

(Mémoire, N°ˢ 26 et 27.)

____

(1) L'ancien paragraphe 4, relatif au privilége des architectes, est supprimé, ainsi que l'art. 2110 du Code civil qui y correspond.

Outre les motifs déjà énoncés en notre **Mémoire**, nous estimons qu'il faut soulever avec beaucoup de prudence la question de l'action résolutoire, et ne pas surtout la séparer du privilége. L'administration de l'enregistrement pourrait voir là une cession de droit immobilier, et, malgré l'éventualité de l'exercice de cette action, prétendre que le droit de mutation immobilière est acquis.

Art. 2111 (C. c. 2104 et 2105). Néanmoins, les créances désignées aux cinq paragraphes de l'article précédent ne viendront sur le prix de l'immeuble qu'après le paiement des frais faits pour parvenir tant à la vente de cet immeuble qu'à l'ordre et distribution de son prix.

Rétablir la section III du Code civil :

Des priviléges qui s'étendent sur les meubles et sur les immeubles.

« **Art. 2104** C. c. Les priviléges qui s'étendent sur les meubles et sur les immeubles sont ceux énoncés en l'art. 2108 (C. c. 2101). — Ajouter : « Néanmoins ils n'auront d'effet sur les immeubles, que s'ils sont inscrits, savoir : les frais de justice dans les 3 mois de l'accomplissement des formalités qui y ont donné lieu, et les autres priviléges, dans les 3 mois de l'ouverture de la succession.»

» **Art. 2105** C. c. Lorsqu'à défaut de mobilier, les priviléges énoncés en l'art. précédent se présentent pour être payés sur le prix d'un immeuble, avec les créanciers privilégiés sur l'immeuble, les paiements se font dans l'ordre qui suit : 1° les frais de justice et autres énoncés en l'art. 2108 (C. c. 2101), et 2° les créanciers désignés en l'art. 2110 (C. c. 2103).»

SECTION III (C. C., SECTION IV) [1].

Comment se conservent les priviléges sur les immeubles.

Art. 2112 (C. c., 2106). Entre les créanciers, les priviléges ne produisent d'effet, à l'égard des immeubles, qu'autant qu'ils sont rendus publics par inscription sur les registres du conservateur des hypothèques, de la manière déterminée par la loi (2).

Art. 2113 (C. c. 2108). Le vendeur privilégié conserve son privilége par la transcription du titre qui a transféré la propriété à l'acquéreur, et qui constate que la totalité ou partie du prix lui est due : à l'effet de quoi

---

(1) La section III du Code civil, relative aux priviléges qui s'étendent sur les meuble et les immeubles, est supprimée.

(2) L'article 2107 du Code civil est supprimé.

la transcription du contrat faite par l'acquéreur vaudra inscription pour le vendeur et pour le prêteur qui lui aura fourni les deniers payés et qui sera subrogé aux droits du vendeur par le même contrat.

Sera néanmoins le conservateur des hypothèques tenu, sous peine de tous dommages-intérêts envers les tiers, de faire d'office l'inscription sur son registre, des créances résultant de l'acte translatif de propriété, tant en faveur du vendeur qu'en faveur du prêteur, qui pourront aussi faire faire, si elle ne l'a été, la transcription du contrat de vente, à l'effet d'acquérir l'inscription de ce qui leur est dû sur le prix.

Cette inscription d'office contiendra l'énonciation du droit de résolution, mais seulement quand ce droit aura été expressément réservé au vendeur par l'acte transcrit.

Au premier alinéa de l'art. 2115, après ces mots : « la transcription du titre, » ajouter : « ou d'un extrait du titre. »

Après cet alinéa ajouter celui-ci :

« L'extrait du titre devra être délivré et signé par l'officier public qui aura reçu l'acte. Il contiendra : 1° les noms, prénoms, qualités, domicile des contractants ; 2° la date et la nature du titre ; 3° la désignation de l'immeuble, le prix, les soultes, les conditions de paiement et les charges ; 4° les noms, prénoms, professions et domiciles des anciens propriétaires, s'ils sont indiqués dans le titre. »

Supprimer l'alinéa qui commence par ces mots : « Cette inscription d'office contiendra, etc.»

Remplacer cet alinéa par celui-ci :

« Cette inscription d'office sera prise non-seulement sur l'immeuble qui fait l'objet de l'acte, mais encore sur les immeubles qui pourraient être donnés en garantie des obligations contractées par les débiteurs. »

Cela évitera une seconde inscription qui ferait, quant au prix, double emploi avec l'inscription d'office ; et ajouterait encore aux frais.

Art. 2114. Les copermutants ou échangistes conservent réciproquement leur privilége sur les immeubles échangés, par la transcription du titre qui leur en a transféré la propriété et qui constate qu'il leur est dû des soultes ou retours de lots, à l'effet de quoi cette transcription du contrat d'échange vaudra inscription pour l'ayant droit à la soulte et pour le prêteur qui aurait été légalement subrogé en ses droits.

Sera néanmoins le conservateur des hypothèques tenu, sous peine de tous dommages-intérêts envers les tiers, de faire, comme il est dit en l'article précédent, l'inscription d'office des soultes ou retours de lots résultant de l'acte d'échange, ainsi que de l'action résolutoire, dans le cas où elle aura été stipulée, comme il est dit au paragraphe 3 de l'art. 2110.

Supprimer au dernier alinéa de cet article ces mots : « Ainsi que de l'action résolutoire » jusqu'à la fin. (Mémoire, N° 27.)

Art. 2115 (C. c. 2109). Le cohéritier ou copartageant conserve son privilége sur les biens chargés de soultes ou licités, par la transcription de l'acte de partage ou de l'acte ou jugement de licitation fait à la conservation des hypothèques.

A cet effet, le conservateur, comme dans les deux articles précédents, sera tenu, sous peine de tous dommages-intérêts envers les tiers, de faire d'office, sur son registre, l'inscription des droits résultant de l'acte de partage, tant en faveur du copartageant et colicitant, que des prêteurs qui lui auront été légalement subrogés.

La même inscription énoncera, s'il en a été fait, les stipulations relatives à la garantie en cas d'éviction.

Art. 2116 (C. c. 2111). Les créanciers et légataires qui, aux termes de l'art. 878 du présent Code, ont le droit de demander la séparation du patrimoine du défunt, conservent ce droit à l'égard des créanciers, des héritiers ou représentants du défunt sur les immeubles de la succession, par des inscriptions faites sur chacun de ces immeubles dans les six mois, à compter de l'ouverture de la succession.

Avant l'expiration de ce délai, aucune hypothèque ne peut être établie avec effet sur ces biens, ni aucune aliénation en être utilement consentie par les héritiers ou représentants, au préjudice des créanciers ou légataires.

Au premier alinéa de l'art. 2116, au lieu de « six mois, » mettre « trois mois. »

A la fin du premier alinéa, ajouter : « Sans être obligés de justifier de leur demande. »

Il est bien difficile de modifier ce beau travail du Code civil, ce style serré, qui dit tout ce qu'il doit dire. Un petit membre de phrase (*ni aucune aliénation être utilement consentie*), intercallé dans l'art. 2111 du Code civil, en fait disparaître toute la limpidité. On peut bien dire, que pendant le délai accordé aux légataires ou créanciers, pour faire inscrire en leur nom la demande en séparation de patrimoine, aucune hypothèque ne peut être établie à leur préjudice; mais faire une vente *à leur préjudice*, ne présente pas une idée aussi précise, aussi juste. Nous pensons qu'il faut supprimer ce membre de phrase; il apporte une entrave nouvelle à la réalisation des capitaux, et les acquéreurs, avant d'acheter ou de se libérer, devront s'enquérir de la position active et passive de l'hoierie; ils doivent savoir (nul n'est censé ignorer la loi), que les créanciers et les légataires ont un privilége occulte pendant trois mois, à partir de l'ouverture de la succession.

Art. 2117 (C. c. 2112). Les cessionnaires de ces diverses créances privilégiées exercent tous les mêmes droits que les cédants en leur lieu et place, en se conformant aux dispositions des art. 2139, 2140 et 2167 ci-après (1).

On se demande pourquoi la suppression de l'art. 2113 du Code civil.

C'est une rigueur qui tend à ravir au privilége un droit qu'on ne refuse pas à l'hypothèque, celui de s'inscrire quand le créancier le juge à propos, sauf à n'occuper que le rang que lui confère la date de l'inscription.

Nous ne voyons pas quel motif ferait ainsi refuser au privilége son action, sans effet rétroactif bien entendu, sur l'immeuble qui lui a donné naissance, mais seulement au rang de l'inscription.

Nous sollicitons le rétablissement de l'art. 2113.

« Toutes créances privilégiées soumises à la formalité de l'inscription, à l'égard desquelles les conditions ci-dessus prescrites pour conserver le privilége n'ont pas été accomplies, ne cessent pas néanmoins d'être hypothécaires; mais l'hypothèque ne date, à l'égard des tiers, que de l'époque des inscriptions qui auront dû être faites ainsi qu'il sera ci-après expliqué. »

CHAPITRE III.

DES HYPOTHÈQUES.

Art. 2118 (C. c. 2114). L'hypothèque est un droit réel sur les immeubles affectés à l'acquittement d'une obligation.

Elle est de sa nature indivisible, et subsiste en entier sur tous les immeubles affectés, sur chacun et sur chaque portion de ces immeubles.

Elle les suit dans quelques mains qu'ils passent.

Art. 2119 (C. c. 2115). L'hypothèque n'a lieu que dans les cas et suivant les formes autorisées par la loi.

Art. 2120 (C. c. 2116). Elle est ou légale ou conventionnelle (2).

Hypothèque judiciaire.

Rétablir dans le texte de cet article « l'hypothèque judiciaire.» (N° 15 du Mémoire.)

(1) L'art. 2113 du Code civil est supprimé.

(2) Suppression de l'hypothèque judiciaire, ce qui entraîne la modification de cet article et de l'article suivant, et la suppression de l'article 2123 du Code civil.

Et, par suite, toutes les dispositions qui, au Code, ont rapport à cette hypothèque.

Art. 2121 (C. c. 2117). L'hypothèque légale est celle qui résulte de la loi.

L'hypothèque conventionnelle est celle qui dépend des conventions et de la forme extérieure des actes et des contrats.

A l'art. 2121 (art. du C. c. 2117), ajouter :

« L'hypothèque judiciaire est celle qui résulte des jugements ou actes judiciaires, » etc., etc.

Art. 2122 (C. c. 2118). Sont seuls susceptibles d'hypothèques :

1° Les biens immobiliers qui sont dans le commerce, et conjointement avec ces biens, leurs accessoires réputés immeubles ;

2° Le droit d'usufruit sur les mêmes biens et accessoires pendant le temps de sa durée ;

3° Le droit résultant des baux amphytéotiques, également pendant le temps de leur durée.

Art. 2123 (C. c. 2119). Les meubles n'ont pas de suite par hypothèque.

Art. 2124 (C. c. 2120). Il n'est rien innové par le présent Code aux dispositions des lois maritimes concernant les navires et bâtiments de mer.

SECTION Ire.

Des hypothèques légales.

Art. 2125 (C. c. 2121). Les droits et créances auxquels l'hypothèque légale est attribuée sont :

Ceux des femmes mariées, sur les biens de leur mari, avec toutes les modifications introduites, au cas de faillite de ce dernier, par la section 4 du chapitre VII du titre Ier du livre 3 du Code de commerce, auquel il n'est en rien dérogé ;

Ceux des mineurs et interdits, sur les biens de leur tuteur ;

Ceux de l'Etat, des communes et des établissements publics, sur les biens des receveurs et administrateurs comptables, et sur ceux acquis à titre onérenx ou postérieurement à leur nomination, par leurs femmes, même séparées de biens, à moins qu'il ne soit légalement justifié que les deniers employés à l'acquisition appartenaient à celle-ci.

Ceux de l'Etat sur les biens des condamnés en matière criminelle, correctionnelle et de police, pour le remboursement des frais dont la condamnation est prononcée à son profit.

Art. 2126 (ancien art. 2122). Le créancier qui a une hypothèque légale peut exercer son droit sur tous les immeubles appartenant à son débiteur et sur ceux qui pourront lui appartenir dans la suite, sous les conditions et modifications ci-après exprimées.

Art. 2127. Les femmes ne peuvent céder leurs droits à l'hypothèque légale ou y renoncer en faveur des tiers que par acte authentique, et les cessionnaires n'en seront saisis que par la mention qui sera faite de la cession en marge de l'inscription.

Pour trancher nettement la question que soulèverait l'art. 2127, il faut dire :

« L'obligation souscrite par une femme, même solidairement avec son mari, n'entraîne pas de plein droit la cession des droits conservés par son hypothèque légale.

» La femme ne peut céder ces droits, subroger en l'effet de son hypothèque légale, consentir une priorité de rang à cette hypothèque, ou y renoncer en faveur des tiers que par un acte authentique exprimant cette volonté formelle.

» Les cessionnaires n'en seront saisis que par une inscription ou la mention qui sera faite de la cession en marge de l'inscription déjà prise.

» Elle peut consentir cette cession sans s'obliger personnellement à la dette. »

SECTION II DU CODE CIVIL.

Des hypothèques judiciaires.

Rétablir ici l'art. 2123 du Code civil.

Toutefois, il convient d'ajouter après le premier alinéa :

« L'hypothèque résultant des reconnaissances ou vérifications de signatures ne peut être inscrite et prendre rang qu'après l'échéance des obligations sous seings privés, et au fur et à mesure de ces échéances, s'il y en a plusieurs. » (Mémoire, N° 9.)

SECTION II (SECTION III DU CODE) [1].

Des hypothèques conventionnelles.

Art. 2128 (C. c. 2124). Les hypothèques conventionnelles ne peuvent être consenties que par ceux qui ont la capacité d'aliéner les immeubles qu'ils y soumettent.

Art. 2129 (C. c. 2125). Ceux qui n'ont sur l'immeuble qu'un droit suspendu par une condition, ou résoluble dans certains cas, ou sujet à rescision, ne peuvent consentir qu'une hypothèque soumise aux mêmes conditions ou à la même rescision.

---

(1) La section 2 du Code civil est consacrée à l'hypothèque judiciaire, que le projet a précédemment proposé de supprimer.

Art. 2130 (C. c. 2126). Les biens des mineurs, des interdits, et ceux des absents, tant que la possession n'en est déférée que provisoirement, ne peuvent être hypothéqués que pour les causes et dans les formes établies par la loi, ou en vertu de jugements.

Art. 2131 (C. c. 2127). L'hypothèque conventionnelle ne peut être consentie que par acte passé en forme authentique devant deux notaires ou devant un notaire et deux témoins.

Le contrat hypothécaire pourra être stipulé payable à ordre.

Il ne pourra jamais être fait au porteur.

Rédiger ainsi le premier alinéa :

« L'hypothèque conventionnelle ne peut être consentie que par acte notarié. » Ce sera enlever tout doute sur la nécessité de la présence du second notaire.

Rédiger ainsi les deux derniers alinéas, pour les mettre en rapport avec l'art 2140 ·

« Le contrat hypothécaire et les créances privilégiées sur les immeubles pourront être stipulés payables à ordre.

» Ils ne pourront jamais être faits au porteur. »

Ajouter :

« Le débiteur pourra donner pouvoir irrévocable au créancier, en cas de non paiement du capital, de faire vendre aux enchères, devant notaire, l'immeuble hypothéqué.

» Si l'époque, les formes et les conditions de la vente ne sont pas déterminés en l'acte même, ou si les parties ne sont pas d'accord à ce sujet au moment de l'exécution du mandat, le mandataire se conformera aux dispositions suivantes :

» Il fera au débiteur, quinze jours au plus tôt après l'échéance, un commandement avec déclaration formelle qu'il entend user du mandat à lui conféré. Ce commandement indiquera la date et le lieu de l'adjudication, le notaire qui y procédera et qui rédigera le cahier de charges, avec sommation de prendre communication dudit cahier et de se trouver à l'adjudication à laquelle il devra être procédé même en l'absence du commettant.

» Le notaire qui a reçu l'acte de *voie parée*, ou son successeur, devra autant que possible être chargé de l'adjudication ; s'il ne peut acter au lieu où elle doit se faire, le président du tribunal civil de la situation des biens commettra un notaire par ordonnance au bas d'une simple requête.

» L'adjudication ne pourra avoir lieu que six semaines après le commandement, un mois après la rédaction du cahier de charges, et quinze jours après affiches apposées au lieu de la situation des biens, et en la commune où l'adjudication devra être faite.

» Si le débiteur forme opposition à la vente, il y sera statué en référé, par le président du tribunal civil de la situation des biens.»

Art. 2132 (C. c. 2128). Les contrats passés en pays étrangers ne peuvent donner une hypothèque sur les biens de France, s'il n'y a des dispositions contraires à ce principe dans les lois politiques ou dans les traités.

Art. 2133 (C. c. 2129). Il n'y a d'hypothèque conventionnelle valable que celle qui, soit dans le titre authentique constitutif de la créance, soit dans un acte authentique postérieur, déclare spécialement la nature et la situation de chacun des immeubles actuellement appartenant au débiteur, sur lesquels il consent l'hypothèque de la créance.

Chacun de tous les biens présents peut être, nominativement, soumis à l'hypothèque.

L'extrait de la matrice cadastrale sera toujours annexé au contrat.

Dans le système que nous croyons le plus facile, le plus propre à lever une foule de difficultés qui arrêtent les ordres, il faudrait rédiger ainsi l'art. 2133.

« L'hypothèque conventionnelle n'est valable que lorsqu'elle est établie devant notaires, soit dans le titre constitutif de la créance, soit dans un acte postérieur.

« Elle peut être, à la volonté des parties, ou spéciale ou générale; elle peut même frapper les biens à venir.

» L'hypothèque générale, soit qu'elle frappe les biens présents et à venir, soit qu'elle ne frappe que les biens présents ou les biens à venir, a tous les caractères et les effets de l'hypothèque judiciaire.

» L'hypothèque spéciale est celle qui est assise sur un ou plusieurs immeubles désignés au contrat par leur nature et leur situation. »

L'obligation d'annexer au contrat l'extrait de la matrice n'est applicable qu'aux propriétés compactes. Elle serait sans effet, et quelquefois dangereuse, pour les propriétés morcellées par parcelles répandues au milieu de beaucoup d'autres sur un ou plusieurs territoires. Il est trop souvent impossible de reconnaître ces parcelles, tant la mutation a été fréquente et le morcellement nombreux et rapide.

Art. 2134 (C. c. 2129). Les biens à venir ne peuvent pas être hypothéqués.

Cet article doit être supprimé.

Art. 2135 (C. c. 2131) [1]. En cas que l'immeuble ou les immeubles

(1) L'art. 2130 du Code civil est abrogé.

assujettis à l'hypothèque eussent péri ou éprouvé des dégradations, de manière qu'ils fussent devenus insuffisants pour la sûreté du créancier, celui-ci pourra, ou poursuivre dès à présent son remboursement, ou obtenir un supplément d'hypothèque.

Après ces mots : « En cas que l'immeuble ou les immeubles assujettis à l'hypothèque, » ajouter le mot : « spéciale. »

Art. 2136 (C. c. 2132). L'hypothèque conventionnelle n'est valable qu'autant que la somme pour laquelle elle est consentie est certaine et déterminée par l'acte.

Art. 2137 (C. c. 2132). Si la créance résultant de l'obligation est conditionnelle pour son existence ou indéterminée dans sa valeur, le créancier ne pourra requérir l'inscription dont il sera parlé ci-après que jusqu'à concurrence d'une valeur estimative expressément convenue entre lui et le débiteur par l'acte constitutif de l'hypothèque.

Art. 2138 (C. c. 2133). L'hyothèque acquise s'étend à toutes les améliorations survenues à l'immeuble hypothéqué.

Art. 2139. Le créancier à qui l'hypothèque a été consentie, ses héritiers ou ayant cause pourront céder cette hypothèque ou son rang d'antériorité, mais seulement par acte authentique.

Les cessionnaires n'en seront néanmoins saisis, à l'égard des créanciers cédants, que par la mention qui sera faite de la cession en marge de l'inscription de cette hypothèque.

Art. 2140. La cession de l'hypothèque conventionnelle, ni d'aucun privilége, ne pourra jamais être faite au porteur. Lorsque l'obligation aura été stipulée payable à ordre, elle sera, ainsi que l'hypothèque, transmissible par voie d'endossement, conjointement avec la grosse de l'obligation sur laquelle cet endossement devra être écrit.

Si la cession n'est que partielle, l'endossement sera fait sur une expédition de l'obligation, avec mention par le notaire sur la minute et sur la grosse.

Dans l'un et l'autre cas, les porteurs d'ordre ne seront saisis, à l'égard des créanciers du cédant, que par la mention faite en marge de l'inscription.

Les art. 137, 138, 139 et 140 du Code de commerce seront applicables à l'endossement du contrat hypothécaire, et l'endosseur demeurera garant du paiement à l'échéance, à moins que l'endossement ne porte qu'il a été fait sans garantie de paiement.

Le défaut de paiement sera constaté par un commandement resté sans effet.

Ce commandement devra être fait au plus tard dans les vingt jours de l'échéance de l'obligation, et l'action en garantie intentée, sous peine de déchéance, dans le mois qui suivra la date du commandement, outre un jour par trois myriamètres de distance entre le domicile de l'endosseur et celui du débiteur principal, devant le tribunal civil duquel l'action en garantie devra toujours être portée.

Rédiger ainsi l'art. 2140 :

« La transmission d'une créance hypothécaire ou privilégiée, stipulée payable à ordre, ne pourra pas être faite au porteur.

» Cette transmission se fera par voie d'endossement notarié, la créance passera au cessionnaire avec les privilége, hypothèques et toutes autres garanties attachées à la créance.

» Le notaire dressera, en minuté, l'acte de transmission, il y annexera toutes les pièces constatant la qualité et la propriété du cédant, si les qualités du dernier possesseur ont changé. Cet acte ne sera susceptible que d'un droit fixe d'enregistrement.

» Il fera mention sur la grosse de cette transmission, et la grosse sera remise au cessionnaire.

» *Si* la cession n'est que partielle, la grosse restera annexée à la minute de l'acte de transmission, et le notaire en délivrera des grosses partielles à qui de droit.

» Dans l'un et l'autre cas, les porteurs d'ordre ne seront saisis, à l'égard des créanciers du cédant, que par la mention d'ordre faite en marge de l'inscription, sur la remise d'un certificat de propriété, non susceptible d'enregistrement, délivré par le notaire qui aura reçu l'acte de transmission. »

Les trois derniers alinéas de l'art. conservés.

Nous avons expliqué au Mémoire, N° 25, la nécessité de l'authenticité de l'endossement.

SECTION III.

De la publicité des hypothèques et de leur rang.

Art. 2141 (C. c. 2134). L'hypothèque, soit légale, soit conventionnelle, n'a rang et ne produit d'effet à l'égard des tiers que du jour de l'inscription prise par le créancier sur les registres du conservateur, dans la forme et de la manière prescrites par la loi.

Ajouter après « soit légale » les mots : « soit judiciaire. »

Art. 2142 (C. c. 2135). L'hypothèque légale existe :
1° Au profit des mineurs et des interdits, sur les immeubles appartenant à leur tuteur, à raison de sa gestion, du jour de l'acceptation de la tutelle ;
2° Au profit des femmes, pour raison de leurs dots et conventions matrimoniales, sur les immeubles de leur mari, à compter du jour de la célébration du mariage.

La femme n'a d'hypothèque pour les sommes dotales qui proviennent de successions à elle échues ou de donations à elle faites pendant le mariage, qu'à compter de l'ouverture des successions ou du jour où les donations ont eu leur effet.

Elle n'a d'hypothèque, pour l'indemnité des dettes qu'elle a contractées avec son mari et pour le remploi de ses propres aliénés, qu'à compter du jour de l'obligation ou de la vente.

Les hypothèques des mineurs et des femmes n'ont rang ni droit de suite, comme il est dit en l'article précédent, que du jour de l'inscription.

Art. 2143. Lors de la nomination du tuteur ou avant l'entrée en exercice de toute tutelle légale ou testamentaire, le conseil de famille fixera la somme pour laquelle il sera pris inscription ; il déterminera les immeubles sur lesquels cette inscription devra être requise, eu égard à la fortune du mineur, à la nature des valeurs dont elle se compose et aux éventualités de la responsabilité du tuteur.

Cette inscription sera immédiatement faite à la requête du tuteur, et s'il s'ingère dans la gestion, avant d'avoir rempli cette formalité, le conseil de famille convoqué, soit sur la réquisition des parents ou autres parties intéressées, soit d'office par le juge de paix, pourra lui retirer la tutelle.

Art. 2144 (C. c. 2137). Les subrogés-tuteurs sont tenus, sous leur responsabilité personnelle envers les mineurs interdits, de veiller à ce que les inscriptions soient prises sans délai sur les biens des tuteurs, et même de les faire faire eux-mêmes.

Art. 2145. Le conseil de famille pourra spécialement commettre le subrogé-tuteur, ou l'un de ses membres, ou telle autre personne, pour requérir lesdites inscriptions.

Art. 2146 (C. c. 2139). Pourront aussi les parents du mineur, le mineur lui-même et ses amis, requérir les inscriptions.

Art. 2147. Les greffiers des justice des paix ne pourront, sous peine de responsabilité envers les mineurs et les interdits, et de destitution, s'il y a lieu, délivrer aucune expédition des délibérations des conseils de famille, à l'exception de celles relatives aux nominations des tuteurs et subrogés-tuteurs, avant qu'il leur ait été justifié, par la présentation des bordereaux certifiés par les conservateurs, que les inscriptions des hypothèques des mineurs et interdits ont été opérées pour les sommes et sur les immeubles déterminés par les délibérations des conseils de famille.

Art. 2148 (C. c. 2143). Si la fixation faite par le conseil de famille de la somme ou des immeubles nécessaires pour garantir la gestion du tuteur, excède notoirement les sûretés dues aux mineurs ou aux interdits, le tuteur pourra attaquer la délibération et demander que l'hypothèque soit restreinte à la somme et aux immeubles suffisants pour opérer leur pleine et entière garantie.

Sa demande, qui ne pourra, en aucun cas, suspendre l'exécution de la délibération du conseil de famille, sera formée contre le subrogé-tuteur ; et le jugement ne sera rendu qu'après avoir entendu le procureur de la République.

Art. 2149. Dans le cas où, par suite d'événements ultérieurs, les garanties données aux mineurs ou aux interdits seraient devenues insuffisantes, le conseil de famille pourra exiger ou une augmentation de la somme que devait garantir l'hypothèque, ou l'extension de cette hypothèque à d'autres immeubles, ou, en cas que le tuteur n'en possédât pas, ou que ceux qu'il possédait ne fussent par lui jugés insuffisants, le dépôt à la caisse des consignations, comme il sera dit en l'article suivant.

Art. 2150. Si, lors de la délibération du conseil de famille dont il est parlé en l'article 2143, il est reconnu que le tuteur ne possède pas d'immeubles, le conseil de famille, après avoir, en exécution de l'art. 455 du présent Code, déterminé la somme à laquelle commence, pour le tuteur, l'obligation d'employer l'excédant des revenus sur la dépense, pourra ordonner qu'en attendant cet emploi, les capitaux des mineurs et des interdits seront versés par le tuteur à la caisse des dépôts et consignations, à la diligence du subrogé-tuteur ou de l'un de ses membres.

Art. 2151. Si le tuteur possède des immeubles, mais qu'ils soient jugés insuffisants pour répondre de la totalité de sa gestion, le conseil de famille pourra déterminer la somme au-delà de laquelle le versement devra être fait, ainsi qu'il vient d'être dit.

Art. 2152. Le tuteur ne pourra retirer ces capitaux de la caisse des dépôts et consignations que pour en faire l'emploi qui aura été fixé par le conseil de famille, soit à l'acquittement des dettes des mineurs ou interdits, soit en acquisition d'immeubles ou de rentes sur l'Etat, soit en prêts sur privilége immobilier, soit sur première hypothèque.

Art. 2153. Dans le cas des art. 2150 et 2151, s'il survient postérieurement des immeubles au tuteur, il sera procédé par le conseil de famille, le tuteur et le subrogé-tuteur, comme il est dit aux art. 2143 et suivants.

Art. 2154. Dans le mois de la remise au subrogé-tuteur des états de situation que le conseil de famille, conformément à l'art. 470 du présent Code, peut lui prescrire d'exiger annuellement du tuteur, le subrogé-tuteur adressera au juge de paix le compte sommaire des rapports de la situation du tuteur avec les garanties fournies aux mineurs et aux interdits.

Si ces garanties sont devenues insuffisantes, le juge de paix réunira d'office le conseil de famille, pour aviser comme il est dit dans les articles qui précèdent.

Art. 2155. Il sera tenu au greffe de chaque justice de paix, sous la surveillance du juge et la responsabilité personnelle du greffier, un état de toutes les tutelles ouvertes dans l'étendue du canton. Cet état contiendra : la date de l'ouverture des tutelles, les noms, prénoms et demeures des mineurs et interdits, tuteurs et subrogés-tuteurs; la date et le résumé des délibérations des conseils de famille relatives à l'hypothèque légale des mineurs, la date des inscriptions qui auront été faites, ou la mention des causes pour lesquelles il n'en aurait pas été requis.

Dans le courant de décembre, chaque année, et au plus tard le 31 de ce mois, les greffiers seront tenus, sous leur responsabilité, d'adresser au procureur de la République de leur arrondissement, copie entière de cet état pour la première année de la tutelle, et, pour les autres, la simple indication des changements survenus dans l'année courante, relativement à l'hypothèque légale, à son inscription, ou aux dépôts que l'absence ou l'insuffisance d'immeubles auront nécessités.

Dans le mois de janvier suivant, le procureur de la République soumettra cet état au tribunal, qui, sur le rapport d'un de ses membres, en chambre du conseil, statuera ce que de droit, tant d'office que sur les réquisitions du ministère public.

Expédition de sa décision sera, s'il y a lieu, en tout ou en partie, transmise aux juges de paix qu'elle concerne.

Il est à craindre que les sévérités contenues dans ces dispositions soient plus préjudiciables qu'utiles aux mineurs. Il existe déjà dans la pratique une tendance funeste à dissimuler les minorités, et à se soustraire aux lois qui les régissent, parce que les formalités qu'elles exigent sont une occasion de frais et un grand embarras dans les familles, et aussi parce qu'elles constatent la valeur exacte des successions, et fournissent ainsi au fisc des renseignements sur les droits de mutation à percevoir.

On y répugnera bien davantage sous quelque temps, si le projet de frapper d'un droit égal les mutations par décès, de meubles et d'immeubles, est sanctionné législativement. On évitera tout ce qui pourra constater d'une manière authentique la fortune des mineurs.

Enfin, l'existence de l'hypothèque du mineur sur les biens du tuteur ne prenait pas de forme tangible, et l'absence d'inscription semblait la faire oublier, sinon disparaître.

Dans le système que nous proposons, quelques articles seraient seuls nécessaires, après l'art. 2142.

« 1° Lorsque le tuteur nommé ou le tuteur légal ou testamentaire aura fait procéder à l'inventaire, s'il y a lieu, sur les renseignements donnés sans frais par le notaire ou tout membre du conseil de famille, le conseil de famille arbitrera, *sans aucun détail de liquidation*, la somme que devra garantir l'hypothèque légale ; s'il juge à propos de réduire cette hypothèque à la spécialité, il déterminera les immeubles sur lesquels l'inscription en devra être prise ; il chargera spécialement un de ses membres, autre que le tuteur, de faire inscrire, dans la huitaine et sur sa responsabilité personnelle, l'hypothèque telle qu'elle aura été réglée par le conseil de famille.

» 2° L'inscription jusqu'à 6,000 fr. sera formalisée sans aucun frais, même du salaire du conservateur ; les bordereaux en seront écrits sur papier libre.

» 3° Le conservateur devra, d'office et sans frais, renouveler les inscriptions de l'hypothèque légale des mineurs avant leur péremption. Ce renouvellement se fera par une simple mention au registre courant, à la date du jour ; la délivrance de cette inscription et de ses renouvellements ne donnera, dans les états d'inscription requis, ouverture à son profit qu'à un seul droit de recherche.

» 4° Le conseil de famille pourra toujours faire main-levée partielle ou définitive de l'inscription et en ordonner la radiation ; dans ce cas, comme dans celui où le tuteur n'aurait pas d'immeubles, ou n'en aurait pas de suffisants, il pourra ordonner le versement, à la caisse des consignations, des capitaux pupillaires au fur et à mesure de leurs rentrées.

» 5° Il pourra ordonner le retrait de ces capitaux, en tout ou en

partie, à l'effet d'en faire l'emploi qu'il indiquera dans sa délibération.

» La caisse, sans être obligée de veiller à l'emploi, sera valablement libérée sur la quittance du tuteur assisté du subrogé-tuteur, et la remise d'un certificat délivré sur papier libre par le
juge de paix, attestant l'autorisation du retrait. Le subrogé-tuteur,
sur sa responsabilité, devra veiller à l'emploi.

» 6° Si, pendant la tutelle, il se produit des faits qui aug-
mentent ou diminuent la responsabilité du tuteur, celui-ci ou le
subrogé-tuteur en référera au conseil de famille qui statuera suivant les circonstances.

» 7° Si le tuteur trouve trop élevé le chiffre de l'hypothèque
légale, ou trop importants les immeubles affectés à cette hypothèque par la délibération du conseil de famille, il pourra demander la réduction du chiffre ou des immeubles.

» La demande sera formée contre le subrogé-tuteur, devant le
tribunal civil de l'ouverture de la succession, et jugée comme en
matière sommaire, sur les conclusions du ministère public. »

Ces dispositions nous semblent devoir satisfaire aux divers intérêts qui se trouvent en présence dans les tutelles. On ne saurait
trop songer que la tutelle est une charge; qu'il faut l'alléger le
plus possible, et laisser au conseil de famille une autorité large et
puissante pour en diriger l'action.

En ce qui concerne les divers articles du projet, nous faisons
observer :

Quant à l'art. 2143 qu'il est toujours bien difficile, et souvent
impossible, de fixer la somme pour laquelle il sera pris inscription,
le jour même de la nomination du tuteur ou avant l'entrée en
exercice de la tutelle. A cette époque, les scellés sont apposés,
au moins l'inventaire n'est pas fait, et l'on ne peut connaître l'é-
molument et les charges de la succession.

L'art. 2152 trouvera dans la pratique de graves difficultés d'exécution ; la caisse ne consentira à délivrer les fonds qu'après l'accomplissement de leur emploi, et cependant il faudra les posséder
pour les employer ; il sera nécessaire qu'un commis de la caisse
soit délégué pour surveiller cet emploi ; l'administration ne peut
mettre ainsi un de ses agents à la disposition du public. La justification de l'emploi pourra à la rigueur se faire quand il s'agira
d'un placement hypothécaire ou par autre acte public ; mais quand
les fonds seront destinés à l'acquit des dettes de la succession, il
sera très-difficile de remettre à la caisse la justification de l'emploi :
les quittances sont la plupart du temps sous signatures privées et
non enregistrées ; elles n'appartiennent pas seulement au mineur,
elles s'appliquent souvent à toute une hoirie à laquelle pren-

nent part des mineurs et des majeurs ; dans tous les cas, elles doivent au moins rester ès-mains du tuteur, à l'appui et comme pièces comptables de sa gestion.

L'idée de faire tenir au greffe de chaque justice de paix (art. 2154 et 2155) un état de toutes les tutelles ouvertes dans l'étendue du canton et de leur situation annuelle sera encore peu praticable ; il faut éviter de surcharger les greffes et d'accumuler des liasses. On les consulte peu, et cette collection ne peut jamais être complète, beaucoup de tutelles y échapperont, soit par leur peu d'importance, soit par la négligence des tuteurs et subrogés-tuteurs, soit par l'effet même de toutes ces exigences, dont le résultat n'apparaît pas proportionné à l'embarras qu'elles causent.

Si, pour les affaires importantes, on espère tirer de ces états une surveillance facile et nécessaire, il faudrait au moins fixer le chiffre au-dessous duquel les articles ne seraient pas obligatoires.

Il est à remarquer que l'art. 470 n'impose pas la remise de ces états à tout tuteur, il en dispense les père et mère, et le conseil de famille demeure le juste appréciateur de l'opportunité de cette exigence vis-à-vis des autres tuteurs.

L'ensemble des deux articles 2154 et 2155 fait supposer que ces états devront être exigés pour toutes les tutelles.

Art. 2156. (C. c. 2140). L'hypothèque légale des femmes, pour raison de leurs dot, conventions matrimoniales et autres reprises de toute nature, même conditionnelles ou éventuelles, sera inscrite avant la célébration du mariage par les maris, ou, à leur défaut, sous peine de responsabilité, par le notaire qui aura reçu l'acte contenant les conventions.

A cet effet, le contrat de mariage contiendra toujours, sous la même peine de responsabilité du notaire, l'indication et la désignation des immeubles alors appartenant au futur époux, que les parties majeures ou les parties mineures, assistées des personnes dont le consentement est requis pour la validité du mariage, entendent soumettre à l'hypothèque légale, ainsi que la détermination, entre eux convenue, de la somme pour laquelle cette hypothèque devra être inscrite.

Il ne pourra pas être convenu qu'il ne sera pris aucune inscription.

Art. 2157 (C. c. 2139). Ces dispositions ne font point obstacle à ce que l'inscription puisse être requise par la femme, par ses parents et ceux de son mari, ainsi que par les amis de l'un et de l'autre.

Art. 2158. Cette inscription, comme celle requise par le mari ou par le notaire, ne grèvera que les immeubles désignés au contrat de mariage ; et elle ne pourra être prise pour de plus fortes sommes que celles qui y ont été déterminées.

Art. 2159. Si, au jour de la célébration, le mari ne possédait pas d'immeubles, ce dont le contrat fera mention, ou qu'il ne possédât que des immeubles reconnus notoirement insuffisants, le mari serait tenu, et il

serait loisible à la femme, à ses parents ou aux amis de sa famille, de requérir des inscriptions sur les immeubles advenus au mari, à la charge de
désigner ces immeubles et d'exprimer la quotité des reprises pour lesquelles ils entendent conserver l'hypothèque légale.

Il en serait de même dans les cas où, postérieurement au mariage, il
surviendrait à la femme de nouvelles causes de recours contre son mari,
telles que celles résultant d'obligations par elle souscrites, d'aliénation de
ses propres, ou de donations et de successions auxquelles elle aurait été
appelée : dans tous ces cas, des inscriptions seront prises par le mari ou
par la femme, par ses parents ou par leurs amis, non-seulement sur les
immeubles advenus au mari, mais encore sur tous ceux qu'il possédait au
moment du mariage, mais toujours en désignant spécialement chaque
immeuble, et en exprimant les sommes pour lesquelles ces inscriptions
sont requises.

Art. 2160. Dans le cas où il n'y a pas de contrat de mariage, l'inscription
sera requise par le mari ou par la femme, par ses parents et amis, ou par
les témoins du mariage.

Elle contiendra l'évaluation des reprises et la désignation de chacun des
immeubles sur lesquels elle sera requise.

Art. 2161 (C. c. 2144). Dans les art. 2159 et 2160, le mari pourra,
après avoir pris l'avis des quatre plus proches parents de la femme, réunis
en assemblée de famille, demander que l'hypothèque générale, pour raison
de ses reprises, soit restreinte aux immeubles suffisants pour la conservation entière de ses droits.

Nous nous réunissons, pour ce qui a rapport à l'hypothèque
légale des femmes, aux propositions présentées par le Comité des
notaires à la commission de l'Assemblée législative, sauf quelques
modifications indispensables à notre système d'unité entre les
hypothèques et leur mode d'inscription.

« 1° Quand il n'aura pas été fait de contrat de mariage, aucune
inscription ne pourra être prise au profit de la femme, que lorsqu'elle aura une créance déterminée et existante contre son
mari.

» 2° Quand il sera fait un contrat de mariage, toutes les conventions qu'il contiendra sur l'hypothèque légale de la femme
seront valables, pourvu qu'elles ne soient pas contraires aux lois.
Cette liberté s'étendra jusqu'au droit de convenir qu'il ne sera
pris aucune inscription.

» 3° Si le contrat de mariage ne contient aucune convention à
cet égard, les époux seront soumis, en ce qui concerne l'inscription, au droit commun établi pour les femmes mariées sans contrat.

» 4° En tout cas, l'inscription au profit de la femme ne pourra
être prise que pour des causes déterminées existant au moment
où elle est requise, « et pour un chiffre exprimé représentatif du
droit conservé. »

» 5° Elle pourra être requise par la femme, par le mari, par leurs parents ou alliés, par leurs amis, par le notaire qui aura reçu les conventions concernant les propres de la femme ou ses créances, par le juge de paix et le procureur de la république de leur domicile.

» 6° La femme pourra, quand elle n'aura pas été privée par contrat de mariage de cette capacité, consentir, avec l'autorisation de son mari, au profit des tiers, toute main-levée, toute restriction, toute permutation de son hypothèque légale, ainsi que toute subrogation et toute antériorité.

» 7° Le mari pourra toujours faire opérer, soit la radiation, soit la permutation, soit la restriction des inscriptions prises pour sûretés des créances de la femme, en vertu d'une délibération conforme d'un conseil de famille de cette dernière, composé de ses quatre parents ou alliés, d'amis de sa famille, présidé par le juge de paix du canton et tenu en présence de la femme, ou elle dûment appelée.

» 8° Si l'avis du conseil est contraire à la demande du mari, ce dernier pourra se pourvoir devant le tribunal du ressort en première instance et en appel.

» 9° Si l'avis du conseil étant conforme à la demande du mari, le juge de paix ou la femme s'opposent à son exécution, si même le consentement de la femme n'est pas explicitement obtenu, la délibération ne sera exécutoire qu'après avoir été homologuée par le tribunal.

» 10° Les jugements ne seront rendus qu'après avoir entendu le procureur de la république. »

Nous croyons devoir placer ici, pour éviter des recherches, les motifs donnés à l'appui de ces amendements.

MOTIFS.

Quand des époux se marient sans contrat, la femme ne peut, au jour de ce mariage, avoir aucune créance à exercer contre son mari, car toute sa fortune mobilière présente et future tombe dans la communauté, et ne donne lieu à aucune reprise.

L'inscription qui serait prise par application de l'art. 2160, au moment du mariage, serait donc une inscription préventive, et vue d'un fait ultérieur et incertain qui peut, ou se produire ou ne pas se produire pendant le mariage, comme la vente d'un immeuble propre, etc.... Ce serait une inscription qui n'aurait, quelle que fût sa date, de valeur que par le fait qui donnera naissance à la créance du jour où il se serait produit. C'est ce qui nous fait demander que l'inscription ne puisse être prise que pour une créance *née*.

Quand les époux font un contrat, ils ont le droit, même sous l'empire de la loi actuelle, de faire des conventions qui peuvent ou dépouiller la femme de toute fortune personnelle, comme cela aurait lieu par une mise en communauté générale qui comprendrait même ses immeubles présents et à venir, ou condenser son avoir mobilier et immobilier sous la pression d'un régime dotal absolu, qui priverait elle et son mari de toute capacité dépassant les limites de l'administration. Ils peuvent, ou rendre l'hypothèque vaine en tarissant la source des reprises, ou prendre des précautions qui dépassent de beaucoup la rigueur de l'hypothèque. Puisqu'ils peuvent aller en-deçà et au-delà de l'hypothèque légale, pourquoi ne pas leur laisser toute liberté, comme nous le demandons par notre Nº 2º?

Il n'en est pas de l'hypothèque légale de la femme comme de l'hypothèque du mineur : cette dernière est d'ordre public, car à l'ouverture de la tutelle, le mineur est sans défense, il est administré, sans qu'on puisse lui demander son consentement, sous la garantie de la société; mais la femme est libre au moment du mariage. Si son consentement suffit pour la placer civilement dans la dépendance du mari, pourquoi ne suffirait-il pas pour la rendre apte à contracter librement quant à ses biens? Nous ne voyons aucune raison suffisante de le lui refuser.

Quelle efficacité d'ailleurs attend-on de ce texte : *Il ne pourra être convenu qu'il ne sera pris aucune inscription?* On pourra donc convenir que l'inscription ne sera prise que sur un gage insuffisant, dérisoire? Où sera alors la garantie de la loi? Et comment éviter cela sans tomber dans l'inquisition, sans nier le droit des familles de régler leurs affaires comme elles l'entendent?

Le Nº 3º n'a pas besoin de commentaire si les deux premiers, sont admis.

Les Nᵒˢ 4º et 5'' sont puisés dans le projet.

Le Nº 6º est destiné à racheter les femmes de la position décevante dans laquelle les place la législation actuelle : il est de jurisprudence aujourd'hui qu'une femme mariée ne peut faire aucune stipulation directe sur son hypothèque légale au profit d'un tiers, et que ce tiers n'a d'autre moyen de s'en prémunir que d'exiger l'engagement solidaire de la femme, parce que de cet engagement dérive, comme conséquence, la subrogation de cette hypothèque légale, subrogation qui n'aurait pu être consentie sans ce détour : que résulte-t-il de là, c'est que la femme s'engage toujours, et que le moyen pris pour la protéger la perd; au lieu de ne compromettre qu'une garantie, elle compromet toute sa fortune présente et à venir par un engagement direct.

Les Nᵒˢ 7º, 8º, 9º et 10º n'ont pas besoin de commentaire. Quand tout le monde sera d'accord , le mari, la femme, le conseil de famille , le juge de paix, à quoi bon ajouter au consentement unanime les frais et les lenteurs de l'homologation ? Quant une seule de ces volontés ne consentira pas expressément , alors l'homologation sera de rigueur. — On voit tout ce que le droit d'opposition accordé au juge de paix pour forcer à l'homologation ajoute de garanties.

Nous rappelons pour ordre , en dehors du projet, la nécessité d'adopter un mode certain de publicité des contrats de mariage ; l'Assemblée législative est saisie d'une très-bonne proposition qui se relie essentiellement à la réforme hypothécaire.

CHAPITRE IV.

DU MODE DE L'INSCRIPTION DES HYPOTHÈQUES.

Art. 2162 (C. c. 2146). Les inscriptions se font au bureau de conservation des hypothèques dans la circonscription duquel sont situés les biens soumis aux privilèges ou à l'hypothèque. Elles ne produisent aucun effet si elles sont prises postérieurement au jugement déclaratif de la faillite , et elles peuvent être déclarées nulles , conformément à l'art. 448 du Code de commerce, si elles ont eu lieu après l'époque de la cessation de paiement, ou dans les dix jours qui précèdent. s'il s'est écoulé plus de quinze jours entre la date de l'acte constitutif de l'hypothèque ou du privilége , et celle de l'inscription (1).

Supprimer les mots « dans la circonscription duquel , » et les remplacer par ceux-ci : « dans l'arrondissement duquel. » (Voir Mémoire , N° 21).

Art. 2163 (C. c. 2147). Les inscriptions sont faites conformément à l'art. 2197 ci-après , à la date et dans l'ordre dans lesquels elles sont requises.

Rétablir le texte de l'art. 2147 du Code civil : « Tous les créanciers inscrits le même jour. exercent en concurrence une hypothèque de la même date, sans distinction entre l'inscription du matin et celle du soir, quand cette différence serait marquée par le conservateur. »
Classer les créances inscrites le même jour , par heure, et leur attribuer un degré de préférence selon la date de l'heure , c'es

---

(1) Le dernier paragraphe relatif aux successions vacantes est supprimé.

ouvrir une course au plus rapide ; c'est compromettre la responsabilité des officiers ministériels, et faire planer sur la tête du conservateur un soupçon toujours prêt de négligence ou de malveillance.

Art. 2164 (C. c. 2148). Pour opérer l'inscription, le créancier représente, soit par lui-même, soit par un tiers, au conservateur, l'original en brevet, la grosse, ou une expédition authentique de l'acte qui donne naissance au privilége ou à l'hypothèque.

Il y joint un bordereau écrit, autant que possible, sur la grosse, ou l'expédition du titre, ou sur une feuille séparée de papier timbré, contenant :

1° Les nom, prénoms, profession et domicile du créancier et l'élection d'un domicile pour lui dans un lieu quelconque de la circonscription du bureau. A défaut de cette élection, toutes significations et notifications relatives à l'inscription pourront valablement être faites au procureur de la République ;

2° Les nom, prénoms, profession et domicile du débiteur, ou une désignation individuelle et spéciale, telle que le conservateur puisse reconnaître et distinguer dans tous les cas l'individu grevé d'hypothèque ;

3° La date et la nature du titre ;

4° Le montant du capital des créances exprimées dans le titre, ainsi que le montant de leurs accessoires ;

5° L'époque de l'exigibilité ;

6° L'indication de la nature et de la situation de chacun des biens sur lesquels il entend conserver son privilége et son hypothèque, ainsi que les numéros correspondants de la matrice cadastrale.

L'omission de l'une ou de plusieurs des formalités ci-dessus prescrites, n'entraînera la nullité de l'inscription que lorsqu'il en résultera un préjudice au détriment des tiers.

Pourquoi un bordereau unique ? Cette modification ne nous parait pas heureuse, elle est une réduction de frais tout-à-fait insignifiante ; elle a le désavantage d'enlever tout contrôle à l'inscription que doit formuler le conservateur, et par conséquent de découvrir sa responsabilité, ou plutôt de la dégager entièrement.

Le bordereau unique peut se perdre, et rien ne pourra justifier les énonciations qu'il contenait et qui peuvent avoir éprouvé des modifications en passant par la rédaction du conservateur ; ce dernier doit avoir en ses mains, à tout instant, la preuve de la sincérité de ses registres.

Nous allons même jusqu'à regretter que les bordereaux soient dispensés d'être garantis par une signature ; *nous demanderions celle du créancier ou de l'officier ministériel qui a reçu l'acte, ou même de tout autre officier ministériel.* On a vu des abus graves se glisser dans la pratique, et des inscriptions être requises après l'extinction de la créance elle-même. Il n'y a de garant que le créancier au profit duquel l'inscription est prise, et cette inscription peut être prise à son insu, contre sa volonté.

Au N° 6 de cet article, supprimer les mots :

« Ainsi que les N°ˢ correspondants de la matrice cadastrale. »

Nous avons dit (observations sur l'art. 2153), combien est infidèle la matrice; ce serait d'ailleurs par la longueur de la mention même ajouter à la grosse, aux bordereaux et à l'inscription des frais de rôles et de timbre tout-à-fait inutiles.

A la place de ces mots, continuer ainsi l'article :

« Si l'hypothèque a été réduite à la spécialité; dans le cas contraire, il suffira d'énoncer que l'inscription est requise sur les immeubles présents et à venir, ou présents ou à venir seulement, du débiteur, si l'hypothèque a conservé sa qualité de générale. »

Art. 2165 (C. c. 2149). Les inscriptions sur les biens d'une personne décédée pourront être faites sous la simple désignation du défunt, ainsi qu'il est dit au n° 2 de l'article précédent.

Art. 2166 (C. c. 2150). Le conservateur fait mention sur son registre du contenu au bordereau, il remet au requérant le titre, ou le titre et le bordereau, si le bordereau a été porté sur une feuille séparée, mais après avoir certifié au pied de ce bordereau qu'il a fait l'inscription.

Rétablir le texte pur de l'art. 2150 du Code civil :

« Le conservateur fait mention sur son registre du contenu aux bordereaux, et remet aux requérants tant le titre que l'un des bordereaux, au pied duquel il certifie avoir fait l'inscription. »

Art. 2167. Les mentions d'antériorité, de subrogation, ou de cession, soit de privilége, soit d'hypothèque légale ou conventionnelle, se font en marge de l'inscription de ces privilége et hypothèque, sur la représentation du bordereau de l'inscription des actes de cession, en marge, ou au pied de l'un desquels le conservateur certifie avoir opéré les mentions demandées.

« Soit d'hypothèque légale ou conventionnelle, » ajouter après légale : « judiciaire. »

Supprimer « sur la représentation » jusqu'à la fin de l'article; le remplacer ainsi :

« Sur la remise d'un extrait des actes de cession ou d'attribution. Le conservateur fournira, soit au pied du bordereau ou de l'expédition même du titre, s'ils lui sont présentés, soit sur papier timbré et sans frais, un certificat attestant qu'il a opéré la mention demandée. »

Exiger la présentation du bordereau, c'est demander souvent l'impossible ; il n'y a jamais de bordereau pour une inscription d'office ; le bordereau peut être perdu ou conservé par le cédant, si la cession de la créance n'est pas entière. Le conservateur, armé du texte de l'article, exigerait qu'on levât une copie de l'inscription, et ce seraient des frais de plus. Evitons les frais autant que possible.

La *représentation* des actes de cession ne suffit pas, le conservateur doit en recevoir et retenir un extrait pour sa propre garantie.

Enfin, exiger un certificat, même sur papier timbré, et sans frais, comme le conservateur le délivre pour les radiations, c'est couper court à une prétention exorbitante que depuis plusieurs années ont, sans droit, imposée certains conservateurs.

Art. 2168 (C. c. 2152). Il est loisible à celui qui a requis une inscription, ainsi qu'à ses représentants ou cessionnaires par acte authentique ou par endossement régulier, de changer sur le registre des hypothèques le domicile par lui élu, à la charge d'en choisir et indiquer un autre dans la même circonscriptiou.

Art. 2169 (ancien 2151). Le créancier inscrit pour un capital produisant intérêts ou arrérages a droit d'être colloqué pour deux années seulement, et pour l'année courante, au même rang d'hypothèque que pour son capital, sans préjudice des inscriptions particulières à prendre, portant hypothèque à compter de leur date, pour les arrérages autres que ceux conservés par la première inscription (1).

Art. 2170 (C. c. 2154). Les inscriptions n'ont pas besoin d'être renouvelées ; elles conservent tout leur effet tant que le privilége ou l'hypothèque existe.

Les inscriptions non encore périmées au jour de la promulgation de la présente loi restent soumises à la péremption décennale ; mais elles ne seront assujéties, à l'avenir, qu'à un seul renouvellement.

Le non renouvellement des inscriptions sera un embarras énorme, une source de frais incalculables.

On fait observer que les actions se prescrivent toutes par trente années, mais ii y a des causes de suspension de la prescription. Le conservateur, qui n'est juge ni des faits ni du droit, pour mettre sa responsabilité à couvert, délivrera toutes les inscriptions qui seront à perpétuité sur son registre. Là, il sera dans son droit.

---

(1) L'article 2153, relatif à la forme des inscriptions pour hypothèques légales, est supprimé, la même forme de **bordereau** étant commune à toute espèce d'hypothèques.

Quelques personnes proposent d'établir une péremption tren-
tenaire. Ce serait une amélioration sensible. Mais c'est aussi un
bien long laps de temps à donner à l'insouciance des créanciers
au détriment des débiteurs. On calcule peu maintenant, quand on
emprunte, le coût de la quittance qui se fait généralement sous
signature privée, le coût de la main-levée et de la radiation dont
on peut se passer ; car avec les termes ordinaires des prêts, lorsqu'on se libère, on touche presque à la péremption de l'inscription, et on l'attend patiemment. Mais si l'inscription doit durer
trente ans. il faudra bien songer à l'avenir, et ce seront des frais,
ce sera un obstacle de plus.

On concilierait les intérêts de tous en prorogeant de dix à
quinze ans la péremption des inscriptions.

Rétablir ainsi l'art. 2170 :

« Les inscriptions conservent l'hypothèque et le privilége pendant quinze années, à compter du jour de leur date ; leur effet
cesse si ces inscriptions n'ont été renouvelées avant l'expiration
de ce délai.

» Néanmoins les inscriptions de l'hypothèque judiciaire n'auront
le cours de quinze années, à partir de leur date, qu'à la condition expresse d'être renouvelées dans les deux derniers mois de la
seconde année de cette date, et non avant, sur la représentation indispensable de la grosse du jugement. Ce renouvellement se fera
sans frais, sauf le paiement du salaire du conservateur, par une
simple mention au registre courant et à la date du jour. Cette mention, dans les états d'inscription ne donnera pas ouverture au droit
de recherche au profit du conservateur.

» A défaut de ce renouvellement, l'inscription sera définitivement périmée et ne pourra être relevée aux états à délivrer par le
conservateur.

» Les inscriptions non encore périmées au jour de la promulgation de la présente loi restent soumises à la péremption décennale ; après leur renouvellement, elles jouiront du bénéfice des
quinze années.

La disposition que nous proposons pour la péremption biennale de l'inscription de l'*hypothèque judiciaire* est puisée dans la
nécessité de faire disparaître des registres du conservateur une
foule d'inscriptions d'une minime valeur, dont la cause est
presque toujours éteinte dans les six mois du jugement, mais
dont le peu de gravité fait négliger la radiation.

Nous n'osons proposer, mais nous désirerions voir adopter, une
semblable disposition de prescription biennale avec les mêmes
conditions, à partir de l'exigibilité du capital indiquée dans toute
inscription.

Art. 2171 (C. c. 2155). Les frais d'inscription sont à la charge du débiteur, s'il n'y a stipulation contraire ; l'avance en est faite par l'inscrivant.

Les frais de transcription, même de celle qui serait requise par le vendeur, sont à la charge de l'acquéreur, à moins de conventions contraires.

Art. 2172 (C. c. 2156). Les actions principales auxquelles les inscriptions peuvent donner lieu contre les créanciers, seront intentées devant le tribunal dans le ressort duquel les inscriptions auront été faites par exploit, à leur personne ou au dernier des domiciles élus sur le registre ; et ce, nonobstant le décès soit des créanciers, soit de ceux chez lesquels ils avaient fait cette élection de domicile.

CHAPITRE V (C. C. CHAPITRE VI).

DE L'EFFET DES PRIVILÉGES ET HYPOTHÈQUES CONTRE LES TIERS DÉTENTEURS ET ENTRE LES CRÉANCIERS.

Art. 2173 (C. c. 2166 et 2147). Les créanciers ayant privilége ou hypothèque inscrits sur un immeuble, le suivent, en quelques mains qu'il passe, pour être colloqués et payés suivant l'ordre de leurs créances ou inscriptions : les priviléges dûment conservés, en première ligne ; les hypothèques ensuite ; et entre elles les hypothèques par rang d'inscription, tel que ce rang est fixé par le registre du conservateur.

Les créanciers inscrits le même jour ne viennent en concurrence entre eux qu'autant qu'il résulte de ce registre qu'ils se sont présentés en même temps à la conservation des hypothèques.

Remplacer le dernier alinéa de cet article par cette disposition :
« Les créanciers inscrits le même jour viennent en concurrence entre eux, sans égard de rang ni d'heure de présentation. »

Art. 2174 (C. c. 2167 et 2168). Le tiers détenteur, par l'effet seul des inscriptions, est obligé, comme détenteur, à toutes les dettes hypothécaires, et il jouit des termes et délais accordés au débiteur originaire.

Il est tenu, comme lui, de payer tous les intérêts et capitaux exigibles, à quelque somme qu'ils puissent monter, sans aucune réserve, et sans jamais pouvoir délaisser l'immeuble.

Art. 2175 (C. c. 2169). Chaque créancier inscrit a droit de faire vendre sur le tiers détenteur l'immeuble hypothéqué, trente jours après commandement fait au débiteur originaire, et sommation faite au tiers-détenteur de payer la dette exigible.

Art. 2176 (C. c. 2170). Dans ce cas, le tiers détenteur ne peut pas s'opposer à la vente de l'héritage hypothéqué, sous prétexte qu'il serait demeuré d'autres immeubles hypothéqués à la même dette dans la possession du principal ou des principaux obligés. Toute exception de discussion, à cet égard, lui est interdite.

Art. 2177 (C. c. 2178). Le tiers détenteur qui a payé la dette hypothécaire ou subi l'expropriation de l'immeuble aura le recours en garantie, tel que de droit, contre le débiteur principal.

Art. 2178. Le tiers détenteur pourra, jusqu'à la vente de l'immeuble, se soustraire à sa double obligation de payer les dettes inscrites, à quelques sommes qu'elles puissent monter, et de subir l'expropriation, en observant les formalités établies dans le chap. **VI** du présent titre.

Les frais faits jusque-là par les poursuivants resteront à sa charge (1).

CHAPITRE VI (C. C. CHAPITRE VIII).

DU MODE DE PURGER LES PROPRIÉTÉS DES PRIVILÉGES ET HYPOTHÈQUES.

Art. 2179 (C. c. 2183). Si le nouveau propriétaire veut se garantir de l'effet des poursuites autorisées par le chapitre **V** du présent titre, il est tenu, après avoir fait transcrire, de notifier aux créanciers inscrits, aux domiciles par eux élus dans leurs inscriptions :

1° Extrait de son titre, contenant seulement la date et la qualité de l'acte, le nom et la désignation précise du vendeur ou du donateur, ou de tout autre de qui il tient l'immeuble, la nature et la situation de cet immeuble, et, s'il s'agit d'un corps de biens, la dénomination générale seulement du domaine et des circonscriptions hypothécaires dans lesquelles il est situé, le prix et les charges faisant partie du prix, l'évaluation de ces charges ou l'évaluation de la chose, si elle a été donnée ou reçue en échange ou de toute autre manière, sans une appréciation déterminée en un capital fixe ;

2° Extrait de la transcription de ce titre ;

3° Un tableau sur trois colonnes, dont la première contiendra la date des hypothèques et celle des inscriptions ; la seconde, le nom des créanciers ; la troisième, le montant des créances inscrites.

Art. 2180 (C. c. 2184). Le nouveau propriétaire déclarera, par le même acte, qu'il est prêt à acquitter sur-le-champ les dettes et charges hypothécaires inscrites, jusqu'à concurrence seulement du prix, sans distinction des dettes exigibles ou non.

Si parmi les dettes et charges privilégiées ou hypothécaires, se trouvent le privilége d'un vendeur et son action résolutoire, le vendeur aura quarante jours, à partir de la notification à lui faite, pour opter entre ces deux droits. Faute par lui de le faire dans ledit délai, il sera déchu de son action résolutoire et ne pourra plus faire valoir que son privilége.

S'il opte pour la résolution du contrat, il devra, à peine de déchéance, en former la demande dans les dix jours de son option ; le tiers détenteur pourra intervenir dans l'instance.

A partir du jour où le vendeur aura opté pour l'action résolutoire, la purge sera suspendue, et elle ne pourra être reprise qu'après la renonciation de la part du vendeur à l'action résolutoire, ou après le rejet de cette action.

Au second alinéa de l'art. 2180, pour le mettre en harmonie avec

(1) Les art. 2172, 2173, 2174, 2175, 2176 et 2177, relatifs au délaissement, sont supprimés.

le système proposé par nous, celui de ne pas séparer le privilége de l'action résolutoire, il faudrait supprimer ces mots : « et son action résolutoire, » et au lieu de « entre ces deux droits, » écrire : « Entre le privilége et l'action résolutoire. »

ARTICLE NOUVEAU.

A la fin de ce chapitre il est nécessaire d'édicter un article ainsi conçu :

« Après les notifications prescrites par l'art. 2179, à quelque époque que ce soit, jusqu'à la clôture définitive de l'ordre, tout créancier inscrit a droit d'exiger la consignation du prix.

» Il en formule la demande par une sommation extrajudiciaire faite au nouveau propriétaire qui devra justifier de la consignation dans le mois au plus tard, à peine d'être poursuivi comme fol enchérisseur.

» Le créancier qui a fait la sommation peut toujours, avant la consignation, s'en désister, sans le concours des autres créanciers; après la consignation, elle appartient à tous les créanciers inscrits.

» Si la consignation est faite en cours de surenchère, ou si une surenchère suit la consignation, et que le propriétaire qui a fait la consignation ne demeure pas adjudicataire, l'adjudicataire sur la surenchère devra lui rembourser, avec les frais et loyaux coûts, la différence de l'intérêt déposé, depuis le dépôt jusqu'au retrait, entre ce qu'il en recevra de la caisse et ce qu'en eût produit le taux de cinq pour cent.

» Le retrait devra être fait dans les trois jours de l'adjudication, sur la production d'un certificat du greffier du tribunal devant lequel se sera faite l'adjudication; au-delà le second adjudicataire ne devra plus de différence d'intérêts.

Art. 2181 (C. c. 2185). Lorsque le nouveau propriétaire a fait cette notification, tout créancier dont le titre est inscrit peut requérir la mise de l'immeuble aux enchères et adjudications publiques, à la charge :

1° Que cette réquisition sera signifiée au nouveau propriétaire dans quarante jours, au plus tard, de la notification faite à la requête de ce dernier, en y ajoutant deux jours par 5 myriamètres de distance entre le domicile élu et le domicile réel de chaque créancier requérant;

2° Qu'elle contiendra soumission du requérant, de porter ou faire porter le prix à un dixième en sus de celui stipulé dans le contrat ou déclaré par le nouveau propriétaire;

3° Que la même signification sera faite dans le même délai au précédent propriétaire, débiteur principal;

4° Que l'original et les copies de ces extraits seront signés par le créancier requérant, ou par son fondé de procuration expresse, lequel, en ce cas, est tenu de donner copie de sa procuration;

— 63 —

5° Qu'il offrira de donner caution jusqu'à concurrence du prix des charges.

Le tout à peine de nullité.

Art. 2182 (C. c. 2190). La surenchère faite par l'un des créanciers inscrits profite à tous les autres.

Le désistement du créancier requérant la mise aux enchères ne peut, même qnand le créancier paierait le montant de la soumission, empêcher l'adjudication publique, si ce n'est du consentement exprès de tous les autres créanciers hypothécaires.

Art. 2183 (C. c. 2186). A défaut par les créanciers d'avoir requis la mise aux enchères dans le délai et les formes prescrits, la valeur de l'immeuble reste définitivement fixée au prix stipulé dans le contrat ou déclaré par le nouveau propriétaire, lequel est, en conséquence, libéré de tout privilége et hypothèque, en payant ledit prix aux créanciers qui seront en ordre de recevoir, ou en le consignant.

Art. 2184 (C. c. 2187). En cas de revente sur enchère, elle aura lieu suivant les formes établies par le Code de procédure civile.

Art. 2185 (C. c. 2188). L'adjudicataire est tenu, au delà du prix de son adjudication, de restituer à l'acquéreur ou au donataire dépossédé les frais et loyaux coûts de son contrat, ceux de la transcription sur les registres du conservateur, ceux de la notification et ceux faits par lui pour parvenir à la revente.

Sans préjudice pour l'acquéreur de son recours en garantie, tel que de droit, contre son vendeur.

Art. 2186 (C. c. 2189). L'acquéreur ou le donataire qui conserve l'immeuble mis aux enchères, en se rendant dernier enchérisseur, n'est pas tenu de faire transcrire le jugement d'adjudication.

Il en sera seulement fait mention, à sa requête, en marge de la transcription de son premier titre.

Art. 2187 (C. c. 2191). L'acquéreur qui se sera rendu adjudicataire aura son recours, tel que de droit, contre le vendeur, pour le remboursement de ce qui excède le prix stipulé par son titre, et pour l'intérêt de cet excédant, à compter du jour de chaque paiement.

Art. 2188 (C. c. 2192). Dans le cas où le titre du nouveau propriétaire comprendrait des immeubles et des meubles, ou plusieurs immeubles, les uns hypothéqués, les autres non hypothéqués, situés dans la même ou dans diverses circonscriptions de bureaux, aliénés pour un seul et même prix, ou pour des prix distincts et séparés, soumis ou non à la même exploitation, le prix de chaque immeuble frappé d'inscriptions particulières et séparées sera déclaré dans la notification du nouveau propriétaire, par ventilation, s'il y lieu, du prix total exprimé dans le titre.

Le créancier surenchérisseur ne pourra, en aucun cas, être contraint d'étendre sa soumission ni sur le mobilier, ni sur d'autres immeubles que sur ceux qui sont hypothéqués à sa créance et situés dans la même circonscription, sauf le recours du nouveau propriétaire contre ses auteurs, pour l'indemnité du dommage qu'il éprouverait, soit de la division des objets de son acquisition, soit de celle des exploitations (1).

____

(1) Le chapitre 9 contenant les art. 2193, 2194 et 2195 relatifs à la purge des hypothèques légales, est supprimé.

CHAPITRE VII.

DE L'EXTINCTION DES PRIVILÉGES ET HYPOTHÈQUES.

Art. 2189 (C. c. 2180). Les priviléges et hypothèques s'éteignent :

1° Par la perte ou la destruction de la chose hypothéquée ;

Néanmoins, ce qui peut en rester et les indemnités dues au débiteur seront affectés au paiement des créances privilégiées et hypothécaires, selon le rang de chacune d'elles ;

2° Par l'extinction de l'obligation principale ;

3° Par la renonciation du créancier à l'hypothèque ;

4° Par l'accomplissement des formalités et conditions prescrites aux tiers détenteurs pour purger les biens par eux acquis ;

5° Par la prescription.

La prescription est acquise au débiteur, quant aux biens qui sont dans ses mains, par le temps fixé pour la prescription des actions qui donnent l'hypothèque ou le privilége.

Quant aux biens qui sont dans la main d'un tiers détenteur, elle lui est acquise par le temps réglé pour la prescription de la propriété à son profit. Dans le cas où la prescription suppose un titre, elle ne commence à courir que du jour où il a été transcrit sur les registres du conservateur.

Les inscriptions prises par le créancier n'interrompent pas le cours de la prescription établie par la loi en faveur du débiteur ou du tiers détenteur.

Le 1° de cet article a en vue les indemnités résultant d'incendie ou autres sinistres garantis par une assurance.

Cette disposition introduit un droit tout nouveau en opposition au droit actuel. Nous ne pouvons qu'applaudir à cette innovation qui est sollicitée depuis longtemps dans la pratique. Il est indispensable toutefois de réglementer par des dispositions spéciales la transition de l'un à l'autre droit.

Aujourd'hui, les propriétaires emprunteurs font au prêteur la cession des indemnités résultant des sinistres assurés, pour le cas éventuel de l'avènement de ces sinistres. Cette cession, comme tout transport de droit mobilier, est signifiée au directeur de la compagnie qui a souscrit l'assurance ; et le cédant est dessaisi à l'avance de cette indemnité.

Il y a donc droit acquis pour beaucoup de prêteurs, droit qu'il faut respecter.

Nous proposons d'ajouter à cet alinéa :

« Sauf les droits acquis au moment de la promulgation de la présente loi. »

CHAPITRE VIII (C. C. CHAPITRE V).

DE LA RADIATION DES INSCRIPTIONS.

Art. 2190 (C. c. 2157). Les inscriptions sont rayées du consentement des parties intéressées et ayant capacité à cet effet, ou en vertu d'un jugement en dernier ressort ou passé en force de chose jugée.

Ajouter à cet article :

« La main-levée définitive d'une inscription entraîne nécessairement la renonciation au droit hypothécaire, au privilége et à l'action résolutoire, si ces droits n'y sont pas expressément réservés.

Il peut être fait abus de radiations consenties avec l'arrière-pensée de faire ultérieurement revivre le droit. Il faut en tout sincérité.

Art. 2191. Le porteur d'endossement régulier d'une créance hypothécaire peut consentir la radiation des inscriptions aussi bien que le cessionnaire par acte authentique.

Art. 2192. (C. c. 2158). Ceux qui requièrent la radiation déposent au bureau du conservateur l'expédition de l'acte authentique portant consentement, ou celle du jugement, et le brevet ou l'expédition de la procuration, si c'est en qualité de mandataires que la réquisition est faite.

Il y a évidemment une inattention échappée aux savants rédacteurs du projet. Toute personne sans mandat, le premier commissionnaire venu, peut remettre au conservateur les pièces nécessaires à une radiation comme à une inscription. Il ne faut rien ajouter à cela : il ne faut pas de *réquisition,* ce serait un rouage de plus, un embarras nouveau; les conservateurs, et ils ont en cela grandement raison, exigent l'accomplissement de la plus petite formalité ; n'en imposons pas d'inutiles.

Si un mandataire a donné main-levée, son mandat est annexé à la minute de l'acte qui le constate, à peine d'amende pour le notaire, et l'expédition de l'acte est accompagnée de l'expédition de la procuration.

Il y a donc lieu de supprimer de l'art. 2192 ces mots : « et le brevet ou l'expédition » jusqu'à la fin de l'article.

Art. 2193 (C. c. 2159). La radiation non consentie est demandée au tribunal dans le ressort duquel l'inscription a été faite, si ce n'est lorsque cette inscription a eu lieu pour sûreté d'une obligation éventuelle ou indéterminée sur l'exécution ou liquidation de laquelle le débiteur et le créancier sont en instance ou doivent être jugés dans un autre tribunal : auquel cas, la demande en radiation doit y être portée ou renvoyée.

Cependant la convention, faite par le créancier et le débiteur, de porter, en cas de contestation, la demande à un tribunal qu'ils auraient désigné, recevra son execution entre eux.

« Pour sûreté d'une obligation, » ajouter : « ou d'une condamnation. » Conséquence du système qui demande la conservation de l'hypothèque judicaire.

Art. 2194 (C. c. 2160). La radiation doit être ordonnée par les tribunaux lorsque l'inscription a été faite sans être fondée ni sur la loi ni sur un titre, ou lorsqu'elle l'a été en vertu d'un titre, soit irrégulier, soit éteint ou soldé, ou lorsque les droits de privilége ou d'hypothèque sont effacés par les voies légales (1).

CHAPITRE IX (C. C. CHAPITRE X).

DE LA PUBLICITÉ DES REGISTRES ET DE LA RESPONSABILITÉ DES CONSERVATEURS.

Art. 2195. Il y aura une conservation d'hypothèques par chaque bureau d'enregistrement.

Supprimer : « Chaque bureau d'enregistrement » le remplacer par « chaque arrondissement. »
(Voir les motifs au Mémoire, N° 21.

Art. 2196 (C. c. 2201). Tous les registres des conservateurs sont en papier timbrés, cotés et paraphés à chaque page, par première et dernière, par l'un des juges du tribunal dans le ressort duquel le bureau est établi. Les registres seront arrêtés chaque jour, comme ceux d'enregistrement des actes.

Art. 2197 (C. c. 2200). Les conservateurs seront tenus d'avoir un registre sur lequel ils inscriront jour par jour et par ordre numérique les remises qui leur seront faites d'actes de mutation pour être transcrits, ou de bordereaux pour être inscrits ; ils donneront au requérant une reconnaissance sur papier timbré, qui rappellera le numéro du registre sur lequel

(1) Les art. 2161, 2162, 2163, 2164 et 2165 relatifs à la réduction de l'hypothèque, sont supprimés.

la remise aura été inscrite, et ils ne pourront transcrire les actes de mutation, ni inscrire les bordereaux sur les registres à ce destinés, qu'à la date et dans l'ordre des remises qui leur en auront été faites.

Si deux ou plusieurs personnes requérant transcription d'actes de mutation ou inscriptions hypothécaires, relatives au même immeuble, se sont présentées au même moment, il en sera fait mention tant sur ce registre que sur la reconnaissance délivrée à chacune d'elles.

Supprimer, au dernier alinéa de l'article 2197, les mots : *ou inscriptions hypothécaires.*

Art. 2198 (C. c. 2203). Les mentions de dépôt, les inscriptions et transcriptions sont faites sur les registres, de suite, sans aucun blanc ni interligne, à peine, contre le conservateur, de 1,000 à 2,000ᶠ d'amende, et des dommages-intérêts des parties, payables par préférence à l'amende.

Art. 2199 (C. c. 2199). Dans aucun cas, les conservateurs ne peuvent refuser ni retarder la transcription des actes de mutation, l'inscription des droits hypothécaires, ni la délivrance des certificats requis, sous peine des dommages-intérêts des parties; à l'effet de quoi, procès-verbaux des refus ou retardements seront, à la diligence des requérants, dressés sur-le-champ, soit par un juge de paix, soit par un huissier audiencier du tribunal, soit par un autre huissier ou un notaire assisté de deux témoins.

Art. 2200 (C. c. 2196). Les conservateurs des hypothèques sont tenus de délivrer à tous ceux qui le requièrent, copie des actes transcrits sur leurs registres et celle des inscriptions subsistantes, ou certificat qu'il n'en existe aucune.

Art. 2201 (C. c. 2197). Ils sont responsables du préjudice résultant :

1° De l'omission sur leurs registres des transcriptions d'actes de mutation et des inscriptions requises en leurs bureaux;

2° Du défaut de mention dans leurs certificats d'une ou de plusieurs des inscriptions existantes, à moins, dans ce dernier cas, que l'erreur ne provînt de désignations insuffisantes qui ne pourraient leur être imputées;

3° Des radiations d'inscriptions par eux opérées en vertu de jugements ou d'arrêts non passés en force de chose jugée.

Quant aux radiations faites en vertu d'actes consentis par des parties n'ayant pas capacité à cet effet, la responsabilité en demeure tout entière aux officiers publics qui ont reçu ces actes.

Ce dernier alinéa exige plus de clarté dans sa rédaction. Si, par *capacité*, on entend la capacité *civile*, c'est-à-dire le droit de contracter, quoique rigoureuse, la prescription pourrait s'accepter. Mais si l'on va plus loin, si l'on entend rendre le notaire *certificateur des droits* de la personne qui donnera main-levée, on donne au notaire un rôle actif que ne comportent pas ses fonctions (art. 8 de la loi du 25 ventôse an xi), il prend part aux faits de ses actes, on lui enlève son caractère d'indépendance et de magistrature, on décharge le conservateur de la responsabilité que la loi lui impose, à lui conservateur, on le décharge du devoir de vérifier et d'apprécier les pièces qui lui sont produites; on en fait incomber tout le poids sur le notaire. Que serait-ce donc encore si l'on adoptait l'endossement sous seing privé? Pas un notaire ne consentirait à recevoir un acte de main-levée.

Il faudrait au moins faire suivre le mot *capacité* du mot *civile*, ou mieux dire : *n'ayant pas la capacité civile* au lieu de *capacité à cet effet*.

Réduit à cela, l'alinéa lui-même devrait disparaître; il n'édicterait que ce qui est déjà : l'obligation pour le notaire de connaître et certifier *l'individualité* du contractant (art. 11 de la loi de ventôse).

Ainsi maintenant, dans l'état actuel de la jurisprudence et de la pratique, le notaire est responsable de l'individualité des parties; l'individualité entraîne avec elle la certitude de la capacité civile, c'est-à-dire de l'état de majorité ou de minorité, d'interdiction, de liberté ou d'engagement dans les liens du mariage; et nous donnons ici à l'interprétation la plus large portée qu'elle puisse avoir et qui souvent même lui est déniée. Mais jamais le notaire ne répond des *qualités* des parties, c'est-à-dire de leurs droits de propriété, d'hérédité, etc.

Le projet les comprendrait dans les attestations du notaire.

Nous avons proposé, pour les endossements, de faire attester par un certificat du notaire la propriété de l'endosseur; mais alors il faut annexer à l'acte même tous les titres qui justifient cette propriété; si, pour les mains-levées, on exige la même formalité, on augmentera les frais de la main-levée. Il faudra, de toute nécessité, y annexer toutes les pièces probantes, qu'aujourd'hui on remet directement au conservateur qui les apprécie. C'est, ainsi que nous le disions, reporter au notaire l'examen de ces pièces, et lui en donner toute la garantie pour en exonérer les conservateurs. La responsabilité notariale est déjà bien grave et trop souvent invoquée pour y ajouter encore; cette responsabilité exagérée est malheureusement une des causes de déconsidération du notariat; elle enlève à cette magistrature volontaire sa dignité et son indépendance.

Art. 2202. (C. c. 2198). L'immeuble à l'égard duquel le conservateur aurait omis dans ces certificats une ou plusieurs des charges inscrites, en demeure, sauf la responsabilité du conservateur, affranchi dans les mains du nouveau possesseur, pourvu qu'il ait requis le certificat depuis la transcription de son titre, sans préjudice, néanmoins, du droit des créanciers de se faire colloquer suivant l'ordre qui leur appartient, tant que le prix n'a pas été payé par l'acquéreur, ou tant que l'ordre fait entre les créanciers n'a pas été homologué.

Art. 2203 (C. c. 2203). Les conservateurs sont tenus de se conformer, dans l'exercice de leurs fonctions, à toutes les dispositions du présent chapitre, à peine d'une amende de 200 à 1,000 fr. pour la première contravention, et de destitution pour la seconde, sans préjudice des dommages-intérêts des parties, lesquels seront aussi payés avant l'amende.

DISPOSITIONS TRANSITOIRES.

§ 1ᵉʳ. Dans l'année qui suivra la promulgation de la présente loi, il sera pourvu par le Gouvernement à l'exécution de l'art. 2195 ci-dessus.

Le conservateur du canton où est actuellement établie, dans chaque arrondissement, la conservation des hypothèques, sera dépositaire de tous les livres et registres hypothécaires, et il aura seul droit de délivrer les extraits et les certificats d'inscription et de transcription antérieurs qui seront réclamés.

§ 2. Dans les dix ans de la promulgation de la présente loi, aucune inscription sur les immeubles situés dans la circonscription des nouveaux bureaux d'hypothèques ne sera reçue pour la première fois que sur la présentation d'un certificat des inscriptions existantes sur les anciens registres, ou d'un certificat constatant qu'il n'en existe pas.

Le conservateur transcrira sur les registres le certificat en tête de l'inscription nouvellement requise.

§ 3. Les actes assujettis à la transcription par l'art. 2092 de la nouvelle loi hypothécaire, qui auraient été passés antérieurement à sa promulgation, continueront à être régis par la législation sous l'empire de laquelle ils ont été faits, tant pour leurs effets entre les parties contractantes que relativement aux tiers.

Les créanciers hypothécaires antérieurs aux aliénations, auxquels les articles 834 et 835 du Code de procédure accordent un délai de quinzaine pour faire inscrire leurs droits, seront tenus, pour les conserver, de remplir cette formalité dans les trois mois de la promulgation de la présente loi.

Les §§ 1, 2 et 3 sont à supprimer.

§ 4. Les hypothèques légales, dispensées de l'inscription par la législation actuellement en vigueur, continueront à jouir de cette dispense lorsque le mariage ou l'acceptation de la tutelle seront antérieurs à la promulgation de la présente loi.

Cette dispense cessera par la dissolution du mariage, l'avénement de la majorité ou la fin de l'interdiction.

A défaut d'inscription dans les six mois de ces époques, les hypothèques légales des femmes, des mineurs et des interdits perdront le rang originaire qu'elles avaient, et n'auront plus d'effet que du jour de l'inscription qui serait ultérieurement prise.

Si la dissolution du mariage, la majorité ou la cessation de l'interdiction sont antérieures à la promulgation de la présente loi, les six mois ne courront que du jour de cette promulgation.

§ 5. Tout individu, mari ou tuteur, antérieurement à la promulgation de la présente loi, qui, à l'avenir, voudra aliéner ou hypothéquer des biens encore grevés de l'hypothèque occulte des femmes, des mineurs ou des interdits sera tenu, sous peine de stellionat, de déclarer sa qualité de mari ou de tuteur, et de se conformer préalablement aux dispositions de la présente loi, en ce qui concerne l'inscription des hypothèques légales.

A défaut d'accomplissement de ces conditions, l'hypothèque légale des femmes, des mineurs et des interdits, continuera de subsister, et elle sera régie par la législation actuellement en vigueur.

§ 5. Supprimer « et de se conformer, etc., » jusqu'à la fin de l'article.

Cette disposition est un obstacle insurmontable aux transactions ordinaires et courantes. Elle est au surplus tout-à-fait inutile avec le second alinéa qui l'annule; ce second alinéa doit aussi disparaitre devant les dispositions du § 4.

§ 6. Toute inscription d'hypothèque, de quelque espèce ou nature qu'elle puisse être, requise postérieurement à la promulgation de la présente loi, devra contenir toutes les énonciations prescrites par l'article 2164 de la loi hypothécaire.

Fait à l'Elysée-National, le 4 avril 1850.

LOUIS-NAPOLÉON BONAPARTE.

Le garde des sceaux, ministre
de la justice,

E. ROUHER.

Telles sont les observations qu'une longue pratique des affaires nous a déterminés à soumettre respectueusement au législateur moderne.

Qu'il nous permette de lui dire franchement toute notre pensée.

Nous doutons que des modifications au système hypothécaire, quelle que soit leur importance, puissent être suffisantes dans les circonstances au milieu desquelles nous vivons, pour donner à la propriété, à l'agriculture, le secours qu'elles sollicitent avec une certaine impatience.

Nous l'avons dit, nous croyons devoir le répéter : le capital ne fait pas défaut, il est oisif, il attend des demandes qui ne se présentent pas ; il s'offre, on ne l'accepte pas. Il s'offre même sous le régime hypothécaire que l'on veut améliorer.

L'établissement des banques agricoles aura-t-il un résultat plus heureux ? Les nécessités du propriétaire en seront-elles plus facilement satisfaites ? Qui oserait l'affirmer !

Il faut bien le reconnaître, tout s'arrête et languit dans notre France. La production industrielle ne se règle plus que sur les besoins du jour, elle ose à peine dépasser ceux du lendemain. La production du sol ne connaît pas de tels tempéraments. Autrefois le commerce, plus confiant, s'en emparait et lui procurait ainsi une vente assurée. Elle ne trouve plus aujourd'hui de débouchés, et ne rend pas même au producteur ce qu'elle lui a coûté. Le sol lui-même est déprécié de plus du quart. Les rares mutations ne sont la suite que de l'expropriation ou de la gêne du propriétaire. Les affaires sont suspendues ; rien ne se confie à l'avenir. L'avenir ! voilà le véritable point vers lequel sont tournés tous les esprits, toutes les prévisions, toutes les inquiétudes.

Quand une grande nation est arrivée à ce degré d'anxiété, que la vie semble se retirer d'elle ; quand les intérêts sociaux sont chaque jour mis en question et menacés ; quand de toutes parts, dans tous les rangs, depuis les profondeurs jusqu'au faîte, chacun élève les mains vers les grands pouvoirs de l'Etat et leur demande protection, autorité, stabilité, la question du crédit ne se rapetisse plus à des formalités hypothécaires, c'est une question de sécurité publique, de prospérité nationale.

ERRATA.

<table>
<tr><td>Pages.</td><td>Lign.</td><td></td><td>Lisez :</td></tr>
<tr><td>8.</td><td>10.</td><td>Appeler à lui capitaux,</td><td>les capitaux.</td></tr>
<tr><td>8.</td><td>30.</td><td>Celles-ci,</td><td>celle-ci.</td></tr>
<tr><td>31.</td><td>4.</td><td>Grevé,</td><td>grevée.</td></tr>
<tr><td>43.</td><td>24.</td><td>Déterminés,</td><td>déterminées.</td></tr>
<tr><td>43.</td><td>39.</td><td>Ne pourra avoir lieu, ajouter « qu'à l'extinction des feux et que, etc. »</td><td></td></tr>
<tr><td>53.</td><td>36.</td><td>Et vue,</td><td>en vue.</td></tr>
</table>

9 782014 059298